Ellen Siebert

Schwere Last
auf kleinen Schultern

Ellen Siebert

Schwere Last auf kleinen Schultern

Aufgaben und Grenzen Sozialer Arbeit
mit minderjährigen traumatisierten Flüchtlingen
aus Kriegsgebieten

Tectum Verlag

Ellen Siebert

Schwere Last auf kleinen Schultern.
Aufgaben und Grenzen Sozialer Arbeit mit minderjährigen
traumatisierten Flüchtlingen aus Kriegsgebieten
ISBN: 978-3-8288-2360-0
Umschlagabbildung: istockphoto.com © creativepictures
Umschlaggestaltung: Norman Rinkenberger | Tectum Verlag

© Tectum Verlag Marburg, 2010

Besuchen Sie uns im Internet
www.tectum-verlag.de

Bibliografische Informationen der Deutschen Nationalbibliothek
Die Deutsche Nationalbibliothek verzeichnet diese Publikation in der
Deutschen Nationalbibliografie; detaillierte bibliografische Angaben sind
im Internet über http://dnb.ddb.de abrufbar.

INHALT

TEIL B: (PSYCHO-)SOZIALE ARBEIT MIT MINDERJÄHRIGEN FLÜCHTLINGEN

Abbildungs- und Tabellenverzeichnis

Abkürzungsverzeichnis

AsylbLG	Asylbewerberleistungsgesetz
AsylVfG	Asylverfahrensgesetz
AufenthG	Aufenthaltsgesetz
BAMF	Bundesamt für Migration und Flüchtlinge
BeschVerfV	Beschäftigungsverfahrensordnung
BGB	Bürgerliches Gesetzbuch
BRD	Bundesrepublik Deutschland
DSM-IV	Diagnostic and Statistical Manual of Mental Disorders, vierte Version
EG	Europäische Gemeinschaft
EU	Europäische Union
GFK	Genfer Flüchtlingskonvention
GG	Grundgesetz der Bundesrepublik Deutschland
GGUA	Gemeinnützige Gesellschaft zur Unterstützung von Asylsuchenden
GU	Gemeinschaftsunterkunft (für Asylbewerber)
ICD-10	International Classification of Diseases, 10. Version
KFOR	Friedenstruppe Kosovo Force
KJHG	Kinder- und Jugendhilfegesetz
KJP	Kinder- und Jugendpsychiatrie
KRK	UN-Kinderrechtskonvention
NATO	North Atlantic Treaty Organization
NGO	Non-Governmental-Organiszation (Nicht-Regierungs-Organisation)
PKK	Partiya Karkerên Kurdistan (Arbeiterpartei Kurdistans)
PTBS	Posttraumatische Belastungsstörung
PTSD	Posttraumatic Stress Disorder (engl. f. PTBS)
SFH	Schweizer Flüchtlingshilfe
SGB VIII	Sozialgesetzbuch Achtes Buch
UÇK	Ushtria Çlirimtare e Kosovës (Befreiungsarmee Kosovo)
UMF	Unbegleiteter minderjähriger Flüchtling
UN	United Nations (Vereinte Nationen)
UNHCR	United Nations High Commissioner for Refugees (Hoher Flüchtlingskommissar der Vereinten Nationen)
UNMIK	United Nations Interim Administration Mission in Kosovo (Übergangsverwaltung der Vereinten Nationen nach Kriegsende im Kosovo)

1   Einführung in die Thematik

Seit Ende des Zweiten Weltkrieges und den Worten „Nie wieder Krieg" sind mehr als 60 Jahre vergangen. Nur wenigen Ländern ist es gelungen, dieses Versprechen einzuhalten und den Frieden dauerhaft zu sichern. Neue oder alte wieder aufgeheizte Konflikte eskalieren in kriegerischen Auseinandersetzungen. Die Opfer stammen zu 90 % aus der Zivilbevölkerung, vor allem Frauen und Kinder sind betroffen. Sie leiden unter Gewalt, (staatlicher) Verfolgung, Folter, Vertreibung und schlechten Lebensbedingungen. Als Folge flüchten viele allein oder im Familienverbund aus der Heimat. Für 2007 schätzt der Hohe Flüchtlingskommissar der Vereinten Nationen (UNHCR), dass sich rund 30 Millionen Menschen auf der Flucht befanden; davon rund die Hälfte Minderjährige (vgl. GLOBAL TRENDS 2008, S. 2f.). Zielländer sind nicht nur die Nachbarstaaten, sondern auch Länder auf anderen Kontinenten. Innerhalb Europas zählt Deutschland zu den Hauptaufnahmeländern für Flüchtlinge. Im Verlauf der letzten zwei Jahrzehnte waren es vor allem Menschen aus Kriegsregionen wie dem ehemaligen Jugoslawien, Afghanistan und dem Irak, die im deutschen Bundesgebiet Schutz suchten. Allein im Jahr 2007 stellten hier rund 19.000 Menschen einen Erstantrag auf Asyl; den Hauptanteil machte dabei die Gruppe der unter 18-Jährigen mit 39 % bzw. 7.500 Anträgen aus (vgl. ASYL IN ZAHLEN 2007, S. 22). Geflüchtete Kinder und Jugendliche stellen somit eine wichtige Adressatengruppe für die Flüchtlingssozialarbeit dar.

1.1   Skizzierung der Flüchtlingssozialarbeit

Soziale Arbeit[1] mit minderjährigen Flüchtlingen gehört zum Aufgabenfeld der Migrationssozialarbeit[2]. Deren Ursprünge liegen in der Ausländerarbeit, die sich ab Mitte der 50er Jahre in Deutschland entwickelte. Zielgruppe waren Menschen nicht-deutscher Herkunft, die als sog. „Gastarbeiter" von der Bundesregierung als Arbeitskräfte angeworben wurden (vgl. HAMBURGER 2000, S. 57). Sie stammten aus den Ländern des Mittelmeerraumes, mit denen zwischen 1955 und 1973 Anwerbeabkommen bestanden. Mit Auflösung der Sowjetunion erweiterte sich der Adressatenkreis um die (Spät-)Aussiedler und schließlich traten ab den 90er Jahren verstärkt die Fluchtmigranten aus Bürgerkriegsregionen hinzu (vgl. FRITZ 2004a, S. 190). Be-

---

[1]   Soziale Arbeit umfasst Sozialpädagogik und Sozialarbeit.

[2]   Zur Geschichte der Migrationssozialarbeit siehe FILTZINGER/HÄRING 1993.

sondere Bedeutung erhielten hierbei der Zerfall des ehemaligen Jugoslawiens und die ausgelösten Bürgerkriege in seinen Nachfolgestaaten wie dem Kosovo. Beide Ereignisse lösten große Fluchtwellen nach Deutschland aus, die auch Kinder und Jugendliche umfassten. Dadurch rückten verstärkt Minderjährige in den Fokus der Flüchtlingssozialarbeit.

Entsprechend der jeweiligen Zielgruppen veränderten sich die Inhalte der Sozialen Arbeit stetig: Ansprüche und rechtliche Rahmenbedingungen unterschieden sich erheblich voneinander. Während die Arbeitskräfte als vorübergehende Migranten angesehen wurden, reisten die Aussiedler mit dem Ziel der Wiedererlangung der deutschen Staatsbürgerschaft nach Deutschland ein. Für sie bestanden zudem „von Anfang an Förder- und Betreuungsmaßnahmen zur Integration in die deutsche Gesellschaft" (CYRUS/TREICHLER 2004, S. 16). Bei den Flüchtlingen hingegen handelte es sich sowohl um allein eingereiste (minderjährige) Personen als auch um Familien, die vor den Kriegsgeschehnissen in ihrer Heimat flohen. In der Mehrheit beantragten sie nach ihrer Einreise Asyl. Bis Anfang der 70er Jahre war ihre Zahl relativ gering; sie erhöhte sich jeweils nach bestimmten politischen Ereignissen wie z.B. dem Aufstand in Ungarn 1956 oder der Niederschlagung des Prager Frühlings 1968 (vgl. BLAHUSCH 1992, S. 128). Politische, soziale und wirtschaftliche Krisen in vielen Ländern des afrikanischen Kontinents sowie im Nahen und Mittleren Osten führten zu einer weltweiten Erhöhung der Flüchtlingszahlen.

In Deutschland verdoppelten sich die Asylgesuche und überschritten 1980 die 100.000er-Grenze (vgl. ebd.). Bedingt durch die Zunahme änderte sich zum einen die Zusammensetzung der Flüchtlinge. Sie wurde heterogener und beschränkte sich nicht mehr nur auf die ehemaligen Anwerbestaaten. Zum anderen verschärfte sich die ausländerpolitische Haltung.

Die einstige Zuständigkeit nach Herkunftsländern konnte sich bei den Trägern der freien Wohlfahrt nicht länger behaupten. Stammten die Sozialarbeiter zu Beginn der Ausländerarbeit „aus den jeweiligen Heimatländern der Arbeitsmigranten" (FILTZINGER/HÄRING 1993, S. 11), konnte bei den neu eingereisten Flüchtlingen selten auf die bikulturelle und bilinguale Kompetenz der Mitarbeiter zurückgegriffen werden. Außerdem unterscheiden sich die Migrationsgründe zwischen (minderjährigen) Flüchtlingen und Gastarbeitern erheblich, so dass neues Wissen um die Herkunftsländer notwendig wurde. Als Reaktion darauf spezialisierten sich die sozialen Dienste auf die Asylbewerberproblematik (vgl. CYRUS/TREICH- LER 2004, S. 17).

Bis Ende der 80er Jahre verlief die Zuwanderung von Ausländern –
inklusive minderjährigen Flüchtlingen und ihrer Familien – relativ
ungesteuert. Zwar existierte seit 1953 ein geregeltes Asylverfahren,
doch mit der wachsenden Einwandererzahl sah sich die deutsche
Regierung überfordert. Von staatlicher Seite wurde deshalb am 1. Juli
1993 der sog. „Asylkompromiss" verabschiedet. Er sah als einen
Kernpunkt die Einschränkung des Asylrechts durch den neu einge-
führten Artikel 16a im Grundgesetz (GG) vor. Ein Flüchtling, der aus
einem Mitgliedsstaat der damaligen Europäischen Gemeinschaft
(EG) oder aus einem als sicher geltenden Drittstaat einreiste, hatte
demnach keinen Anspruch mehr auf Asyl. Schon kurz nach der Ein-
führung der Neuregelung sank die Zahl der Asylbewerber stark ab;
ein Trend, der sich bis heute fortgesetzt hat. Selbst wenn die Flucht-
motive die gleichen wie vor 1993 geblieben sind, haben heutige
Flüchtlinge vielfach keinen Anspruch mehr auf Anerkennung. Insbesondere Minderjährige scheitern am Asyl- und Einreiseverfahren.

Der Zugang nach Deutschland ist für Flüchtlinge gegenwärtig noch
komplizierter geworden, da sich die Europäische Union zunehmend
vergrößert. Ihre neu aufgenommenen Mitglieder verbreitern die
„Festung Europa" und reduzieren die Chance, auf legalem Weg aus
einem nicht-europäischen Land in die Bundesrepublik zu gelangen.
Die Flüchtlingssozialarbeit steht folglich vor neuen Herausforderungen. Immer mehr sind Fachkräfte und soziale Beratungseinrichtungen gefragt, die sich auf die Problematik der Flüchtlinge spezialisie-
ren. Hierzu zählen neben den rechtlichen Umständen ebenfalls die
psychosozialen Folgen einer Flucht. Kinderflüchtlinge sind davon in
besonderer Weise betroffen. Sozialpädagogische Unterstützung bei
der Bewältigung der Erfahrungen sowie der Wahrnehmung von An-
sprüchen und eigenen Fähigkeiten sind wichtig. Um dieser komplexen Situation gerecht zu werden, haben sich seit Anfang der 90er Jahre zahlreiche Einrichtungen in Deutschland gegründet.[3] Spezielle
Angebote für Minderjährige fehlen jedoch in vielen Bundesländern
bzw. sind nicht ausreichend, um die aktuelle Nachfrage zu decken.
Hier besteht sozialpädagogischer und politischer Handlungsbedarf.

---

[3]   Sie bilden seit 1997 die „Bundesweite Arbeitsgemeinschaft der Psychosozialen Zentren für Flüchtlinge und Folteropfer (BAFF)". Siehe www.baff-
zentren.org

1.2   Zielsetzung und Aufbau der Arbeit

Die vorliegende Diplomarbeit widmet sich der Fragestellung, *welche Aufgaben und Grenzen sich für die Soziale Arbeit mit minderjährigen traumatisierten Flüchtlingen aus Kriegsgebieten ergeben.* Zur Beantwortung dient die theoretische Auseinandersetzung mit der aktuellen Fachliteratur und einzelnen Statistiken zum Asylgeschehen in Deutschland.

Inhaltlich ist die Arbeit in zwei Teile gegliedert. In TEIL A werden die Grundlagen für die Soziale Arbeit mit minderjährigen Flüchtlingen dargestellt. Hierfür brauchen Sozialpädagogen[4] Informationen über den Fluchtprozess und seine Abgrenzung zu anderen Migrationsformen, wie sie in Kapitel 2 dargestellt werden. Im dritten Kapitel geht es um die Charakteristika der Zielgruppe, die in sich heterogen ist. Ein wichtiges Anliegen in dieser Diplomarbeit ist deshalb, immer wieder auf die Unterschiede zwischen den begleiteten und unbegleiteten Flüchtlingskindern hinzuweisen. Erstere werden im Zuge der allgemeinen Arbeit mit den Eltern häufig vergessen bzw. „nebenbei" im Rahmen der Beratung ihrer Sorgeberechtigten mitversorgt. Explizite sozialpädagogische und psychologische Angebote fehlen vielfach oder werden nicht wahrgenommen. Selbst in der Fachliteratur liegt der Fokus auf den unbegleiteten Minderjährigen. Begleitete Kinder und Jugendliche müssen deshalb stärker in die sozialpädagogische Arbeit mit einbezogen werden.

Zur Veranschaulichung der allgemeinen theoretischen Erläuterungen in TEIL A dient das Kapitel 4 über das Kriegs- und Krisengebiet des Kosovo. Es steht als Beispiel für andere Länder, in denen ebenfalls gewaltsame Auseinandersetzungen zwischen unterschiedlichen Ethnien herrschen. Charakteristisch für derartige Staaten ist außerdem, dass selbst nach offiziellem Kriegsende keine Stabilisierung eintritt, sondern die Konflikte fortbestehen. Für die geflüchteten Minderjährigen bedeutet dies einen dauerhaften Schwebezustand zwischen der Hoffnung, in Deutschland zu bleiben und der Angst, wieder in das Herkunftsland zurückzukehren. Ein Großteil der geflüchteten Minderjährigen, die sich gegenwärtig in Deutschland aufhalten, stammt aus dem Kosovo. Ihre Aufenthaltssituation ist in den meisten Fällen unsicher, obwohl sie eine lange Zeit ihrer Kindheit in der Bundesrepublik verbracht haben. Zurückkehren können und wollen die meis-

---

[4]   In der Diplomarbeit wird die männliche Berufsbezeichnung verwendet; mit ihr sind ebenfalls die weiblichen Berufsangehörigen angesprochen.

ten nicht, da sie im Kosovo wieder mit ihren Erinnerungen an die grausamen Ereignissen konfrontiert wären.

Die psychischen Auswirkungen der damaligen Kriegs- und Fluchter-lebnisse bilden zusammen mit den sozialpädagogischen Hand-lungsmöglichkeiten in TEIL B den Schwerpunkt der Arbeit. Kriegs-und Fluchterfahrungen stellen einschneidende Erfahrungen im Le-ben von Kindern und Jugendlichen dar. Den Geschehnissen in ihrer Heimat stehen sie meist schutz- und wehrlos gegenüber; teilweise werden sie für ideologische Zwecke der Kriegsparteien missbraucht. Für die Minderjährigen besteht deshalb ein hohes Risiko, langfristige Folgen davonzutragen. Insbesondere die psychischen Belastungen beeinträchtigen die Kinder und Jugendlichen. Sie leiden unter den Fluchterlebnissen, nicht selten mischen sich Schuldgefühle und Sehnsucht nach verlorenen Familienmitgliedern darunter. Für die Verarbeitung der Täter- oder Opferrolle haben die Flüchtlingskinder aufgrund ihres Alters keine oder noch nicht ausreichende Bewälti-gungsmöglichkeiten entwickelt. Als Reaktion zeigen sich häufig Ver-haltensauffälligkeiten oder (schwere) psychische Störungen wie Traumata, Depressionen oder eine Posttraumatische Belastungsreak-tion. Da sich die negativen Auswirkungen meist erst nach Ende der Flucht äußern, d.h. ab dem Zeitpunkt der Einreise in die Bundesre-publik, muss Soziale Arbeit hier unmittelbar ansetzen und bei der Bewältigung der seelischen Belastungen unterstützen.

Nicht alle minderjährigen Kriegsflüchtlinge sind gleichstark betrof-fen; Schutzfaktoren und individuelle Ressourcen spielen eine wichti-ge Rolle bei der Bewältigung. Aus diesem Grund konzentriert sich das sechste Kapitel auf die Konzepte des Empowerments und der Traumapädagogik. Letzteres wird bisher lediglich in wenigen Ein-richtungen der Jugendhilfe umgesetzt, die jedoch nicht ausschließlich auf minderjährige Flüchtlinge spezialisiert sind. Wie in anderen sozi-alen Einrichtungen traumabasiert gearbeitet werden kann, ist nicht explizit ausgewiesen. Flüchtlingssozialarbeiter in Beratungseinrich-tungen oder den Gemeinschaftsunterkünften für Asylbewerber sind weitgehend auf sich allein gestellt. Intention der Arbeit ist deshalb eine möglichst praxisnahe Erläuterung, in der konkrete Maßnahmen für die methodische Arbeit mit den traumatisierten Minderjährigen aufgezeigt werden.

Nur wenn in der sozialpädagogischen Praxis eine ganzheitliche Un-terstützung und Begleitung der Minderjährigen geschieht, können verbesserte Lebensbedingungen für die jungen Flüchtlinge in Deutschland geschaffen werden. Das schließt auch die politische

Lobbyarbeit für diese Zielgruppe mit ein, da gerade die rechtlichen Rahmenbedingungen eine erfolgreiche Einfindung in die deutsche Gesellschaft behindern. In der aktuellen Fachliteratur und der sozial-pädagogischen Praxis findet deshalb eine starke Konzentration auf die asyl- und aufenthaltsrechtliche Problematik statt. Soziale Lebensumstände werden ebenfalls thematisiert, aber kaum Handlungsmöglichkeiten aufgezeigt. Zudem wird selten zwischen unbegleiteten und begleiteten Kinderflüchtlingen verglichen. Viele Angebote der Unterstützung und Beratung richten sich an die allein eingereisten Flüchtlinge. Doch gerade die begleiteten Minderjährigen stehen in der Gefahr, aufgrund ihres Familienbezuges als nicht hilfebedürftig eingestuft und „übersehen" zu werden. Für eine ganzheitliche Betrachtung dürfen jedoch nicht die seelischen Auswirkungen der Kriegs- und Fluchterlebnisse ausgeblendet werden. Sie beeinflussen die sozialpädagogische Arbeit sehr stark. Frühzeitige Unterstützung und kinder- bzw. jugendspezifische Leistungen sind daher erforderlich.

2   Menschen auf der Flucht nach Deutschland

Seit den 50er Jahren haben ausländische Flüchtlinge verstärkt Schutz in Deutschland gesucht. Durch die beschriebene Zunahme an gewaltsamen Konflikten und Kriegen erreichen nicht mehr nur erwachsene Asylbewerber die Bundesrepublik, sondern ebenso ein Großteil minderjähriger Flüchtlinge mit und ohne Begleitung (Kap. 3). Im nachfolgenden Kapitel geht es um das Phänomen der Fluchtmigration an sich, sowie die Ausmaße von Flüchtlingsströmen (Kap. 2.1). Für die Betroffenen ist es nach ihrer Ankunft im Aufnahmeland Deutschland wesentlich, ob ihnen der Flüchtlingsstatus zuerkannt wird. Er wird deshalb ausführlich in seiner Bedeutung erläutert (Kap. 2.2). In diesem Kontext interessieren auch die Ursachen für eine Flucht, wobei zusätzlich kinderspezifische Gründe und der Verlauf einer Flucht angeführt werden (Kap. 2.3).

2.1   (Flucht)Migration und ihre Dimension

Das Wort „Flucht" leitet sich vom lateinischen „fuga" ab und bezeichnet die (freiwillige) Verbannung oder das schnelle, überstürzte Verlassen eines Ortes.[5] Letzteres geht mit einer akuten Gefahrensituation für die Betroffenen einher, wie z.B. einem Krieg. Die Auslöser dafür können sowohl von Menschen als auch durch Umwelteinflüsse herbeigeführt werden (siehe Kap. 4 und 5). Eine Flucht ist folglich durch externe Faktoren mitbedingt.

Im wissenschaftlichen Kontext besteht Uneinigkeit darüber, ob Flucht als eigenständiges Phänomen oder nur als eine Unterkategorie von „Migration" angesehen werden soll. Die Betonung der Eigenständigkeit beruht darauf, dass mit einer Flucht besondere Merkmale verbunden sind, denen Rechnung getragen werden muss. TREIBEL weist z.B. auf die unterschiedlichen Akteure hin, die am Fluchtprozess beteiligt sind, wie Menschenrechtsgruppen, Hilfsorganisationen und die internationale Politik (vgl. 2003, S. 158). Trotzdem stützt sich die vorliegende Arbeit auf die zweite Variante und folgt damit HAMBURGERs Definition des Begriffes „Migration". Er versteht darunter „eine allgemeine Sammelbezeichnung für den Umstand, dass Personen für einen längeren oder unbegrenzten Zeitraum einen früheren Wohnort verlassen haben und in der Gegenwart in einem an-

---

[5]   Vgl. Langenscheidts Wörterbuch Lateinisch. Langenscheidt. Berlin und München. S. 178.

deren Land als ihrem Herkunftsland leben" (HAMBURGER 2005, S. 1212). Die Wanderung innerhalb eines Landes (sog. Binnenmigration) ist hierdurch ausgeschlossen. Allerdings wird über die Motive der einzelnen Migranten keine Aussage getroffen, d.h. es können auch Flüchtlinge zu den Migranten gezählt werden.

Um die in sich sehr heterogene Gruppe von hochqualifizierten Fachkräften, Saison- und Gastarbeitern, ausländischen Studenten, Asylbewerbern und eben auch Flüchtlingen genauer voneinander abzugrenzen, sind deshalb Einschränkungen notwendig. Zwei wichtige Kriterien bilden dabei die Freiwilligkeit und die Dauer des Aufenthaltes. Arbeitsmigranten und Menschen, die zum Zweck der Ausbildung einreisen, begeben sich freiwillig und meistens für einen vorher festgelegten Zeitraum (Studiendauer, befristetes Arbeitsverhältnis, Saisonvertrag) nach Deutschland. Flüchtlinge und Asylbewerber immigrieren dagegen fast immer unfreiwillig, weil äußere Lebensumstände bzw. direkte (Gewalt-) Einwirkungen sie dazu zwingen. Charakteristisch für die Betroffenen ist, dass sie in der Regel nicht wissen, wie lange sie sich in der Bundesrepublik aufhalten dürfen bzw. ob sie jemals wieder in ihre Heimat zurückkehren können.

Wieviele Menschen sich aktuell weltweit auf der Flucht befinden, kann nur geschätzt werden. In den Statistiken findet vielfach keine eindeutige Differenzierung zwischen Flüchtlingen und anderen Migrantengruppen, wie z.B. den Vertriebenen (displaced persons), statt. Zudem können nur diejenigen Geflüchteten registriert werden, die auf irgendeine Weise mit Behörden oder Hilfsorganisationen in Berührung kommen. Menschen, die nach Verlassen ihrer Heimat in die Illegalität abtauchen, müssen als Dunkelziffer addiert werden. Das „Amt des Hohen Flüchtlingskommissars der Vereinten Nationen (UNHCR)" geht weltweit von etwa 16 Millionen Menschen für 2007 aus; wobei hier nur die anerkannten Konventionsflüchtlinge erfasst sind (vgl. GLOBAL TRENDS 2008, S. 2). Zu weit höheren Zahlen kommt die UNO-FLÜCHTLINGSHILFE, weil sie auch die Menschen in flüchtlingsähnlichen Situationen mit einbezieht. Nach ihren Schätzungen betrug die Gesamtzahl der Geflüchteten über 40 Millionen Menschen, wovon „ungefähr die Hälfte Kinder und Jugendliche unter 18 Jahren" ausmachen und „11 Prozent davon sind Kinder unter fünf Jahren" (vgl. ebd.).

Hingegen lassen sich durch die gestellten Asylerstanträge klare Aussagen zu den Herkunftsländern machen (vgl. Tab. 1a und 1b). Im Verlauf der Jahre 1998 bis 2007 hat sich die Aufzählung der zugangsstärksten Staaten wenig geändert:

Tabelle 1a: Herkunftsländer bei Asylerstanträgen 1998 bis 2002

Rang	1998	1999	2000	2001	2002
1	Serbien u. Montenegro	Serbien u. Montenegro	Irak	Irak	Irak
2	Türkei	Türkei	Serbien u. Montenegro	Türkei	Türkei
3	Irak	Irak	Türkei	Serbien u. Montenegro	Serbien u. Montenegro
4	Afghanistan	Afghanistan	Afghanistan	Afghanistan	Russische Föderation
5	Vietnam	Iran	Iran	Russische Föderation	Afghanistan

(vgl. ASYL IN ZAHLEN 2007, S. 15)

Tabelle 1b: Herkunftsländer bei Asylerstanträgen 2003 bis 2007

Rang	2003	2004	2005	2006	2007
1	Türkei	Türkei	Serbien u. Montenegro	Irak	Irak
2	Serbien u. Montenegro	Serbien u. Montenegro	Türkei	Türkei	Serbien
3	Irak	Russische Föderation	Irak	Serbien u. Montenegro*	Türkei
4	Russische Föderation	Vietnam	Russische Föderation	Serbien **	Vietnam
5	China	Iran	Vietnam	Russische Föderation	Russische Föderation

* bis zum 31.07.2006 Serbien und Montenegro,
** ab dem 01.08.2006 nur Serbien (vgl. ASYL IN ZAHLEN 2007, S. 15).

13

Auffallend ist zunächst, dass die ersten drei Plätze in jedem Jahr von der Türkei, dem Irak oder Serbien und Montenegro belegt sind. Eine mögliche Erklärung für die starke Präsenz der drei Nationen ist der jeweilige Kriegsausbruch im Land und dessen Nachwirkungen. Selbst nach offizieller Beendigung der Ausschreitungen ist die Situation für die Zivilbevölkerung in vielen Regionen weiterhin kritisch, da z.B. die Infrastruktur (Zugang zu Trinkwasser, Verkehrswege, Gebäude) noch zerstört ist. In Afghanistan bewirkten das Taliban-Regime und der damit verbundene Afghanistan-Krieg bis etwa 2001 einen hohen Anteil an afghanischen Asylbewerbern in Deutschland. Serbien und Montenegro sind durch die Auflösung des ehemaligen Jugoslawiens ab Beginn der 1990er Jahre und den Unabhängigkeitsbestrebungen seiner Mitgliedsstaaten – insbesondere der Region Kosovo - von ethnischen Konflikten geprägt. Für die hohe Anzahl an Erstanträgen aus dem Irak kann zum einen der Irakkrieg im Jahr 2003 als Ursache gelten; zum anderen leben im Norden des Iraks Kurden, die als Minderheit verfolgt und unterdrückt werden. Fast 46 % aller irakischen Asylanträge für 2007 stammten von Kurden; bei den türkischen Flüchtlingen waren es rund 80 % (vgl. ASYL IN ZAHLEN 2007, S. 24 f.). Ähnlich hohe Quoten können auch für Syrien und den Iran angenommen werden, da im Osten bzw. Westen der Länder kurdische Siedlungsgebiete liegen.

Als zweite Erklärung kann vermutet werden, dass religiöse und politische Verfolgung in den fünf häufigsten Herkunftsländern zu einer Flucht motivieren. Ethnische Minderheiten setzen sich vielfach für die Wahrung ihrer Rechte ein, d.h. es gründen sich religiöse oder politisch motivierte Gruppierungen, um die Ansprüche gegenüber der Regierung durchzusetzen. In der serbischen Region Kosovo war dies z.B. die albanische UÇK (*Ushtria Çlirimtare e Kosovës = Befreiungsarmee des Kosovo*); in der Türkei die kurdische PKK (*Partiya Karkerên Kurdistan= Arbeiterpartei Kurdistans*). Auch wenn keine aktive Mitgliedschaft in einer solchen Organisation besteht, stehen viele der Angehörigen einer Ethnie unter Verdacht und werden deshalb in ihrer Heimat verfolgt. Doch nicht jeder, der flüchtet, wird im Aufnahmeland als Flüchtling anerkannt.

2.2   Der Begriff des Flüchtlings

Internationale Grundlage für die Zuerkennung der Flüchtlingseigenschaft bildet die Genfer Flüchtlingskonvention (GFK). Sie wurde am 28.07.1951 von dem Vorgänger der heutigen UN – dem Völkerbund - ins Leben gerufen und diente ursprünglich dazu, das europäische

Flüchtlingsproblem nach dem 2. Weltkrieg zu lösen. Als das Vertreibungsproblem sich zunehmend ausweitete, wurde der Wirkungsbereich der Konvention mit dem Zusatzprotokoll von 1967 erweitert (vgl. UNHCR). Inzwischen haben 144 Staaten – darunter Deutschland - die GFK unterzeichnet (Stand 2006). Inhaltlich legt sie nicht nur fest, wer ein Flüchtling ist, und welchen rechtlichen Schutz, welche Hilfe und welche sozialen Rechte sie oder er von den Unterzeichnerstaaten erhalten sollte, sondern schließt auch bestimmte Gruppen – wie Kriegsverbrecher – vom Flüchtlingsstatus aus (vgl. UNHCR 2006a). Im Rahmen des Art. 1 der Genfer Flüchtlingskonvention findet die Bezeichnung „Flüchtling" auf jede Person Anwendung,

„die infolge von Ereignissen, die vor dem 1. Januar 1951 eingetreten sind, und aus der begründeten Furcht vor Verfolgung wegen ihrer Rasse, Religion, Nationalität, Zugehörigkeit zu einer bestimmten sozialen Gruppe oder wegen ihrer politischen Überzeugung sich außerhalb des Landes befindet, dessen Staatsangehörigkeit sie besitzt, und den Schutz dieses Landes nicht in Anspruch nehmen kann oder wegen dieser Befürchtungen nicht in Anspruch nehmen will; oder die sich als Staatenlose infolge solcher Ereignisse außerhalb des Landes befindet, in welchem sie ihren gewöhnlichen Aufenthalt hatte, und nicht dorthin zurückkehren kann oder wegen der erwähnten Befürchtungen nicht dorthin zurückkehren will"

Das genannte Zusatzprotokoll über die „Rechtsstellung der Flüchtlinge vom 31.Januar 1967" erkannte die Notwendigkeit, die Verfolgungsereignisse nicht nur auf den Zeitraum vor 1951 und den europäischen Raum zu beschränken. Allerdings erfolgte seitdem keine Änderung der fünf Verfolgungsgründe. So heißt es bei HAN, dass die aktuelle GFK „den neuen Ursachen und Entwicklungen der Flüchtlingsprobleme (z.B. Armuts- und Umweltflüchtlinge, Kriegs- und Bürgerkriegsflüchtlinge, De-facto-Flüchtlinge) kaum Rechnung tragen kann" (2000, S. 79). Eine Ergänzung um die aktuellen Flüchtlingsgründe wäre somit sinnvoll und auf politischer Ebene zu fordern.

Für die Anerkennung als Flüchtling in Deutschland ist außerdem der bereits erwähnte Artikel 16a des Grundgesetzes relevant (siehe Kap.1.1). Mit ihm wird *politisch Verfolgten* das Recht auf Asyl eingeräumt, wenn sie in ihrem Heimatland „eine an *asylerhebliche* Merkmale anknüpfende staatliche Verfolgung erlitten haben" oder ihnen eine solche bei der Ausreise mit hoher Wahrscheinlichkeit droht (ASYL IN ZAHLEN 2007, S. 37). Als ‚asylerheblich' gelten die in der GFK genannten fünf Verfolgungsgründe. Jede betroffene Person muss dazu ihre begründete Furcht vor Verfolgung „selbst und subjektiv glaubwürdig begründen und nachweisen" (HAN 2000, S. 78). In der Regel stützt sich der Asylantrag auf die Aussagen während der mündlichen Anhörung durch das Bundesamt für Migration und Flüchtlinge. Wie schwierig die glaubwürdige Vermittlung der eigenen Erlebnisse ist, lässt sich anhand der geringen Anerkennungsrate (~1 %) nach Art. 16a GG belegen (vgl. ASYL IN ZAHLEN 2007, S. 40).

Bei einem weiten Begriffsverständnis gelten nicht nur die anerkannten Flüchtlinge nach der GFK bzw. dem GG als Flüchtlinge. In Anlehnung an HAMBURGER lassen sich so vier weitere Kategorien von Flüchtlingen identifizieren (vgl. 2005, S. 1214). Zuerst sind Asylbewerber zu nennen, d.h. über ihren Asylantrag wurde noch nicht entschieden. Hingegen dürfen sog. De-facto-Flüchtlinge trotz einer Ablehnung ihres Asylgesuches in Deutschland bleiben, weil die Situation in ihrem Heimatland nicht sicher ist. In besonderen Fällen kann die Bundesregierung nicht nur für einzelne, sondern für Gruppen von Menschen einen Flüchtlingsschutz aussprechen (sog. Kontingentflüchtlinge). Erstmalig geschah dies 1970 für die „Boat-People" aus dem asiatischen Raum, später Mitte der 90er Jahre, als tausende Bürgerkriegsflüchtlinge das ehemalige Jugoslawien verließen. Anhand der verschiedenen Kategorien zeichnen sich bereits unterschiedliche Auslöser für die Flucht ab.

2.3   Fluchtgründe und Phasen einer Flucht

Migrationstheorien bieten Erklärungsansätze für die Wanderung von Menschen und lassen Aussagen über die Auslöser zu. Obwohl es sich bei Fluchtmigration um einen speziellen Typ von Migration handelt, existiert keine eigene theoretische Begründung. Zur Erläuterung wird deshalb das allgemeine „Push- und Pull-Modell" herangezogen.

Das Modell geht davon aus, dass auf der einen Seite Schubfaktoren (engl. to push) existieren, die Menschen dazu bewegen, ihre Heimat zu verlassen. Hierzu zählt NUSCHELER u.a. Bedingungen wie „soziale Diskriminierung (z.B. von ethnischen oder religiösen Minderheiten), binnen- oder zwischenstaatliche Kriege, Staatsstreiche oder Revolutionen [...], politische Verfolgung (direkte Gewalt) oder der Zwang der Verhältnisse" (2004, S.102). Das Ausmaß der erlebten Umstände muss so unerträglich oder (lebens-)bedrohlich erfahren werden, dass als einziger Ausweg nur eine Flucht in Frage kommt. Auf der anderen Seite gehen vom Aufnahme- bzw. Zielland bestimmte Sogfaktoren (engl. to pull) aus, die anziehend auf die Angehörigen anderer Staaten wirken. Dies können Werte wie Sicherheit und Frieden, aber auch strukturelle Anreize wie der Zugang zu bestimmten Ressourcen oder die Teilhabe am gesellschaftlichen Leben sein. Mit Hilfe der modernen Kommunikationsmedien haben mehr Menschen als früher Zugang zu Wissen über andere Länder. Fernsehberichte, Bilder von Verwandten aus dem Ausland oder das Internet vermitteln erste Eindrücke und lassen Idealvorstellungen aufkommen, die zu einer Auswahl des Ziellandes beitragen. Bereits vorhandene soziale Kontakte, Netzwerke oder ethnische Gruppierungen (Communities) in einem Asylland tragen ebenfalls dazu bei, dass dieses von weiteren Flüchtlingen angesteuert wird.

Diese Konzeption mit Push- und Pullfaktoren mag eindeutig scheinen, doch sie ist idealtypisch zu sehen. In der Realität lassen sich selten beide Seiten trennen. An Stelle von klaren Ursache-Wirkungszusammenhängen tritt eine komplexe „Mischung von objektiv zwingenden exogenen Faktoren und subjektiv unterschiedlich begründeten Entscheidungen" auf (HAN 2000, S. 13). Unter den äußeren Ursachen lassen sich neben den Pushfaktoren auch die in der GFK genannten Verfolgungsgründe einordnen. Allerdings spielen die individuellen Bedingungen eine erhebliche Rolle: Zwei Menschen, die im selben Land leben, können unter den dortigen Umständen leiden und dennoch flieht nur einer von ihnen. Bildungsgrad, Alter, Religion und Geschlecht haben erheblichen Einfluss auf die Entscheidung zur Flucht. Nicht zu unterschätzen sind auch die sozialen und materiellen Kosten dabei. Das Zurücklassen der geliebten Bezugspersonen, der Verlust des sozialen Umfeldes und die unsichere Zukunft sind nicht einfach zu verkraften und müssen individuell abgewogen werden.

Fluchtgründe Minderjähriger

Die Umstände, die *Kinder und Jugendliche* zur Flucht aus ihrer Heimat bewogen haben, müssen so zwingend gewesen sein „daß ihnen oder ihrer Familie dieser Ausweg als der richtige erschien" (JORDAN 2000, S. 19). Das können genau die gleichen Gründe aus der GFK wie bei Erwachsenen sein, selbst wenn die Minderjährigen nicht selbst politisch aktiv sind. Allein die Zugehörigkeit zu einer bestimmten Ethnie oder die Verwandtschaft mit einem politisch Verfolgten reichen aus, um selbst Opfer einer Verfolgung zu werden. Es kommt daher vor, dass Kinder oder Jugendliche erpresst, bedroht, verprügelt oder anderweitig gefoltert werden, damit sie Auskünfte über die gesuchten Personen geben. Bei Minderjährigen aus Kriegsgebieten kommen die damit verbundenen grausamen Erlebnisse hinzu. Sie mussten z.B. mit ansehen, wie andere Menschen Opfer von Gewalttaten wurden, evtl. der eigene Vater erniedrigt oder die Mutter von Rebellen vergewaltigt wurde. Solche Erfahrungen bewirken einschneidende Veränderungen im Leben junger Menschen und können zusätzlich ausschlaggebend für eine Flucht sein.

Daneben existiert eine Reihe von *kinderspezifischen* Fluchtgründen. EISERMANN zählt hierzu Zwangsrekrutierungen, Kinderhandel sowie sexuelle Ausbeutung und Gewalthandlungen an Kindern bzw. Jugendlichen (vgl. ebd. 2003, S. 42 ff.). In Ländern mit Bürgerkriegen oder Konfliktsituationen werden zunehmend Minderjährige zum Dienst an der Waffe eingesetzt. Zwar liegen viele dieser Staaten auf dem afrikanischen Kontinent, doch sogar in Europa – etwa in den Staaten des ehemaligen Jugoslawiens – wurden unter Achtzehnjährige rekrutiert (vgl. GLOBAL REPORT ON CHILD SOLDIERS 2001). Weder das Alter noch das Geschlecht spielen eine Rolle, wenn Minderjährige in Rebellenorganisationen oder regulären Armeen als Kindersoldaten eingesetzt werden. Mit Hilfe von Drogen, Gewalt und psychischer Manipulation machen die Anführer sie gefügig und schicken sie als bewaffnete Vorläufer in den Kampf. „In den Truppen und Trainingskamps unterliegen die Kindersoldaten einem brutalen Strafsystem, um jedes Auflehnen oder eine mögliche Flucht im Keim zu ersticken" (ebd., S. 43.). Besonders Mädchen sind doppelte Opfer als „Objekte" sexueller Handlungen und als Opfer von Gewaltpraktiken innerhalb der Kampfgruppen.[6] Geschlechtsspezifische Verfolgung tritt auch verstärkt in Kriegs- oder Nachkriegsgebieten auf, wobei es zu unzähligen Vergewaltigungen von erwachsenen Frauen, aber ebenso Kindern und Jugendlichen, kommt (vgl. ANGENENDT 2000, S. 32). Nur wenige schaffen es nach Deutschland zu flüchten und sind in der Lage, über ihre Erlebnisse zu sprechen und sie - für sich selbst innerlich befriedigend - zu verarbeiten.

Ablauf einer Flucht

Angesichts der vielfältigen Faktoren, die auf die Fluchtentscheidung einwirken, scheint eine Systematisierung des Fluchtablaufes angebracht: Idealtypisch ergeben sich drei Phasen, die nacheinander durchlaufen werden und aufeinander aufbauen: Vorflucht, Flucht und Nachflucht. In der ersten befindet sich die Person noch in ihrem Herkunftsland und erlebt dort Konflikte, Bedrohung des eigenen Lebens etc., die im Sinne der Push-Faktoren wirken und schließlich eine

---

[6]   zum Schicksal der weiblichen Kindersoldaten sei auf die Autobiographe von China Keitetsi aus Uganda verwiesen: „Sie nahmen mir die Mutter und gaben mir ein Gewehr." Ullstein Verlag. 2003.

Entscheidung für die Flucht bewirken. Vorbereitungen wie z.B. die Beschaffung von Dokumenten, Informationen oder finanziellen Mitteln gehören dazu. Mit dem Verlassen des Heimatortes beginnt die aktive Flucht als zweite Phase, da eine (baldige) Rückkehr in der Regel ausgeschlossen wird und das Ziel im Verlassen des Landes besteht. Wieviel Zeit vom ersten bis zum zweiten Schritt vergeht, ist unterschiedlich. Oft zwingen akute Lebensgefahr oder eine günstige Gelegenheit zum sofortigen Aufbruch. In diesem Kontext verweist SUNJIC auf die fehlende Steuerungsmöglichkeit des Fluchtprozesses (vgl. ebd., 2000, S. 145). Zeitpunkt und Ablauf der Flucht können die Flüchtenden nicht komplett im Voraus bestimmen oder planen, da sie z.B. währenddessen auf die Unterstützung anderer Menschen oder weiterer Ressourcen (Transportmittel, Geld) angewiesen sind.

Erst wenn ein sicherer Zielstaat erreicht ist, tritt die dritte Phase der „Nachflucht" ein. Es handelt sich keineswegs um den Abschluss des Fluchtprozesses, denn nach der Ankunft machen sich psychische, körperliche und rechtliche Auswirkungen bemerkbar (siehe Kap. 5.4). Kinder und Jugendliche zählen hierbei zu den besonders betroffenen Flüchtlingen. Ihrer Situation widmet sich daher das nachfolgende Kapitel 3.

3   Minderjährige Flüchtlinge in Deutschland

Der Erkenntnis- und Forschungsstand zu jungen Flüchtlingen ist in Deutschland sehr gering. Zwar erschienen in den 90er Jahren vermehrt wissenschaftliche Publikationen über diese Adressatengruppe, doch viele davon konzentrieren sich überwiegend auf unbegleitete Minderjährige und es fehlte an einer Gesamtschau der Lebenssituation. In ihrer Expertise kommen KLINGELHÖFER/RIEKER zu dem Ergebnis, dass insgesamt „ein Primat rechtlicher Analysen zu verzeichnen [ist], während umfangreichere sozialwissenschaftliche Studien zu Lebenslagen und psychosozialen Entwicklungsverläufen von Flüchtlingskindern (…) noch weitgehend ausstehen" (2000, S. 3).

In diesem Kapitel erfolgt als erstes eine Beschreibung der Zielgruppe „Minderjährige Flüchtlinge". Ihre Unterscheidung in begleitete und unbegleitete Kinder (Kap. 3.1) ist für die weiteren Ausführungen wesentlich. So existieren in den aufenthalts- und asylrechtlichen Bestimmungen große Unterschiede, die sich bereits während des Asylverfahrens (Kap. 3.2) zeigen. Die daraus resultierende Aufenthaltserlaubnis oder angedrohte Abschiebung beeinflusst den weiteren Verbleib des Minderjährigen (Kap. 3.3). Seine (vorläufige) Unterbringung in einer Wohngruppe oder Sammelunterkunft, die materielle und gesundheitliche Versorgung und der Zugang zu Bildungsinstitutionen in der BRD sind Bestandteil der Ausführungen zur sozialen Situation (Kap. 3.4). Den psychischen Auswirkungen ist aufgrund der Schwerpunktsetzung der Arbeit das Kapitel 5 vorbehalten.

3.1   Begleitete und unbegleitete minderjährige Flüchtlinge

Der Flüchtlingsbegriff aus der Genfer Konvention bezieht sich auf alle Altersstufen, er ist somit auch für Kinder und Jugendliche anzuwenden. Bezüglich der „Minderjährigkeit" gilt auf internationaler Ebene Art. 1 der UN-Kinderrechtskonvention (KRK 1989, S. 11):

„Im Sinne dieses Übereinkommens ist ein Kind jeder Mensch, der das achtzehnte Lebensjahr noch nicht vollendet hat, soweit die Volljährigkeit nach dem auf das Kind anzuwendenden Recht nicht früher eintritt".[7]

---

[7]   Hiernach gelten sowohl Kinder als auch Jugendliche bis zur Vollendung des 18. Lebensjahres als „Kinder" und damit minderjährig. Aus diesem Grund wird im Folgenden von Flüchtlings*kindern* gesprochen.

Hierbei verweist die Formulierung „nach dem auf das Kind anzuwendenden Recht" auf den nationalen Kontext. In der Bundesrepublik Deutschland gelten nach § 2 Bürgerliches Gesetzbuch (BGB) *alle* Kinder und Jugendlichen bis zur Vollendung des 18. Lebensjahres als Minderjährige. Entsprechend müsste die Regelung auch für ausländische minderjährige Flüchtlinge Anwendung finden, die sich gegenwärtig in der BRD aufhalten. Tatsächlich jedoch ist dies nicht der Fall: Deutschland hat die UN-Kinderrechtskonvention nur unter dem Vorbehalt unterzeichnet, dass die nationalen ausländerrechtlichen Regelungen von der Konvention unberührt bleiben (vgl. ANGENENDT 2000, S. 35f.). So sehen letztere vor, dass Minderjährige ab dem 16. Lebensjahr handlungsfähig und damit als erwachsene Flüchtlinge zu behandeln sind (vgl. § 12 AsylVfG; § 80 AufenthG). Diese vorverlegte Mündigkeit hat schwerwiegende Konsequenzen auf die rechtliche, soziale und auch psychische Situation der 16-18-Jährigen; insbesondere bei den allein einreisenden Flüchtlingen (siehe Kap. 3.2, 3.3 und 5).

Genau wie bei den erwachsenen Flüchtlingen wäre es jedoch falsch, die Minderjährigen als eine geschlossene, homogene Gruppe zu begreifen. Eine erste Unterscheidung ergibt sich hinsichtlich der Situation in ihren Herkunftsländern. In Anlehnung an HAMBURGER (vgl. 2005, S. 1213f.) gibt es bei Kindern und Jugendlichen drei Arten von Flüchtlingen:

1. Minderjährige aus Kriegs- und Bürgerkriegsgebieten
2. Minderjährige aus Ländern mit politischer, ethnischer, rassischer und religiöser Verfolgung
3. Minderjährige aus Ländern ohne Bürgerkrieg und Verfolgung

Häufig verschwimmen die Grenzen zwischen den ersten beiden Gruppen, zumal viele Konflikte und Bürgerkriege zwischen Angehörigen mit unterschiedlichen ethnischen oder religiösen Wurzeln ausbrechen (z.B. im Kosovokrieg 1999). Bei den Drittgenannten geben die schlechten wirtschaftlichen und sozialen Verhältnisse wie niedrige Löhne, hohe Arbeitslosigkeit oder Armut den Anlass zur Flucht; im Rahmen der Fragestellung sind sie deshalb nicht relevant. Die Einteilung lässt bereits erahnen, wie schwierig und prägend die Lebensverhältnisse in den Herkunftsländern sein müssen. Viele der betroffenen Kinder und Jugendlichen haben vermutlich nie ein „normales" Leben in Sicherheit und mit geregelten Verhältnissen geführt. Was für gleichaltrige Deutsche den Alltag ausmacht – regelmäßiger

Schulbesuch, verlässliche Bezugspersonen, Frieden, ein eigenes Zuhause etc. – ist für Flüchtlingskinder selten Realität (siehe Kap. 5.1).

Eine zweite Unterteilung geschieht anhand des Begleiterstatus. Ein Teil der minderjährigen Flüchtlinge reist begleitet, das heißt zusammen mit der Familie, Verwandten oder nahestehenden Personen, ein. Somit sind wichtige Bezugspersonen im Leben der Flüchtlingskinder vorhanden, die einerseits eine Verbindung zur Heimat darstellen, andererseits Schutz- oder Erziehungsfunktionen wahrnehmen können. Unabhängig von der zuerkannten Volljährigkeit verbleiben 16-18-Jährige Flüchtlinge im Familienverbund, d.h. ihre Wohn- und Aufenthaltsorte in der BRD werden nicht von denen der Sorgeberechtigten getrennt. Das hat sowohl Vor- als auch Nachteile für die Minderjährigen (siehe Kap. 3.4). Häufig stehen die Probleme der erwachsenen Familienmitglieder im Vordergrund, so dass die Belange der Minderjährigen vergessen oder vernachlässigt werden. Aus sozialpädagogischer Sicht ist es in diesen Fällen nötig, frühzeitig entgegenzuwirken und die Kinder und Jugendlichen in ihren Bedürfnissen zu fördern (siehe Kap. 6).

Komplizierter stellt sich die Lage des sog. „unbegleiteten minderjährigen Flüchtlings (UMF)" dar. Als solcher gilt jedes Kind und jeder Jugendliche unter 18 Jahren der *"von beiden Elternteilen getrennt ist und für dessen Betreuung niemand gefunden werden kann, dem durch Gesetz oder Gewohnheit diese Verantwortung zufällt"* (UNHCR 2006b). Im Verlauf der Flucht besteht für die UMF ein hohes Risiko, erneut Opfer oder Zeuge von gewaltsamen Handlungen zu werden, da sie sich anderen (fremden) Erwachsenen anvertrauen müssen. Fluchthelfer, andere volljährige Flüchtlinge usw. könnten die Situation der unbegleiteten Minderjährigen ausnutzen. Die Gründe, warum Kinder und Jugendliche *alleine* fliehen, sind vielfältig: Fehlende finanzielle Mittel für alle Mitglieder der Herkunftsfamilie, Krankheit oder Tod der Eltern, Zwangsrekrutierung als Kindersoldaten, aber auch Verlust oder ungewollte Trennung der Angehörigen auf dem Weg nach Deutschland. Zu den sozialpädagogischen Maßnahmen gehört dann bei letzterem auch die Suche nach verschwundenen Familienmitgliedern sowie deren Zusammenführung.

Wieviele minderjährige Flüchtlinge insgesamt in Deutschland leben bzw. ankommen, lässt sich nicht genau feststellen. Im Zuge des Föderalismusprinzips erhebt jedes Bundesland die dort erstmalig gemeldeten Flüchtlingskinder separat; eine zentrale Registrierungsbehörde existiert nicht. Zusätzlich variieren die Kategorien zur Einteilung zwischen den Bundesländern, d.h. die jungen Flüchtlinge erscheinen „manchmal unter der Rubrik ‚Asylbewerber', aber auch manchmal unter der Rubrik ‚ausländische Kinder und Jugendliche' [...], die jeweils andere Gruppen mit umfassen" (WEISS/ENDER-LEIN 2000, S. 205). Andere wichtige Aspekte wie die Altersstruktur[8] oder die Aufenthaltsdauer finden sich ebenfalls nicht in den Angaben wieder, so dass differenzierte Aussagen nicht möglich sind. Für das Jahr 1998 schätzt ANGENENDT die Zahl der Flüchtlingskinder auf rund 220.000 Personen, wobei die Kinder, die sich illegal in Deutschland aufhalten, noch nicht mitgerechnet sind (vgl. 2000, S. 25). Ähnliche Schätzungen der Hilfsorganisation TERRE DES HOMMES gehen von etwa 300.000 jungen Flüchtlingen in Deutschland aus (vgl. 2008). Welche Chance diese Minderjährigen auf eine Anerkennung als Verfolgte haben, hängt mit den Asyl- und Aufenthaltsbestimmungen zusammen.

3.2   Wesentliche Schritte im Asylverfahren

Für ausländische Minderjährige und Erwachsene gelten die deutschen asyl- und aufenthaltsrechtlichen Bestimmungen gleichermaßen. Eine klare Trennung zwischen Kinder- und Erwachsenenrecht, wie es mit dem KJHG (Kinder- und Jugendhilfegesetz; SGB VIII) für deutsche Minderjährige geschaffen wurde, existiert nicht. Das Recht auf Förderung der Entwicklung und Erziehung zu einer eigenverantwortlichen und gemeinschaftsfähigen Persönlichkeit (vgl. § 1 SGB VIII) bleibt ein Privileg deutscher Kinder und Jugendlicher. Ausländische Gleichaltrige unterliegen dem Asylverfahrensgesetz (AsylVfG) und dem Aufenthaltsgesetz (AufenthG), wenn sie als politisch Verfolgte nach Art. 16a Abs.1 GG oder als Flüchtlinge nach dem Zusatzprotokoll der GFK von 1967 Schutz in Deutschland suchen (vgl. §1 Abs.1 AsylVfG).

Schematisch betrachtet stellt sich der Ablauf von der Einreise in die Bundesrepublik bis zur Entscheidung über das Asylgesuch in fünf Schritten dar:

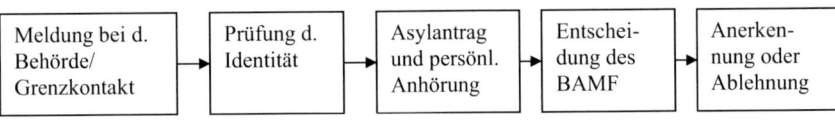

Abbildung 1: Schematischer Ablauf des Asylverfahrens.

---

[8]   einzige Ausnahme bildet der Asylbericht von 2007 des BAMF

Je nach Einreiseweg, Begleiterstatus und Alter des Kinderflüchtlings ergeben sich jedoch Unterschiede. Als Einreiseweg kommt zunächst der Landweg in Betracht.[9] Sofern *begleitete* Flüchtlingskinder *unbemerkt* und ohne Einreisedokumente über eine der deutschen Staatsgrenzen einreisen, müssen sie sich mit ihrer Familie unverzüglich bei einer Ausländerbehörde, Polizei oder staatlichen Aufnahmeeinrichtung als Asylbewerber melden (vgl. § 13 Abs. 3 AsylVfG).

Dort wird ihre Identität durch sog. erkennungsdienstliche Maßnahmen (Lichtbilder, Fingerabdrücke) gesichert. Bis zum vollendeten 16. Lebensjahr bilden die Kinder mit ihren Eltern eine ‚Familieneinheit' im Sinne des § 14a AsylVfG, so dass die Asylantragstellung durch die Sorgeberechtigten ausreicht. Haben die begleiteten Jugendlichen allerdings das 16. Lebensjahr vollendet, müssen sie selbst Asyl beantragen, weil sie in Deutschland nach § 12 AsylVfG handlungsfähig sind. Nach dem mündlichen Asylantrag und der Identitätsprüfung leiten die Behörden diese Angaben an das Bundesamt für Migration bzw. dessen zuständige Außenstelle weiter (vgl. § 16 Abs. 2 AsylVfG), damit dort die offizielle Antragstellung erfolgen kann.

Entdeckt eine Grenzbehörde jedoch die ausländischen Flüchtlinge, kann die weitere Einreise abgelehnt werden: Im Einzugsgebiet bis 30 Kilometer hinter der Grenze wird einem Flüchtling unterstellt, aus dem angrenzenden Nachbarland gekommen zu sein (vgl. GGUA 2007, S. 8). Seit der EU-Osterweiterung 2004 gehören alle an die BRD angrenzenden Länder zur Europäischen Union. Aufgrund der „Dublin-II-Verordnung" darf aber ein Flüchtling nur einen Asylantrag innerhalb der Europäischen Union sowie den Drittstaaten (Norwegen, Island, Lichtenstein und Schweiz) stellen. Hiermit sollen „Asylhopping" und doppelte Zuständigkeiten innerhalb der EU vermieden werden. Deshalb muss der betroffene Asylbewerber zurück in den Nachbarstaat, wo er sich vorher befand oder wofür er ein Visum besitzt und dort um Asyl suchen (vgl. § 18 Abs. 2 AsylVfG). Gleiches gilt, wenn sich z.B. anhand von Fingerabdruckvergleichen, benutzten Fahrkarten oder Dokumenten belegen lässt, dass der begleitete ausländische Minderjährige aus einem anderen europäischen Land eingereist ist. Hier erlischt die deutsche Zuständigkeit, d.h. „der Asylantrag [wird] nicht bearbeitet, sondern ein „Überstellungsverfahren" in den zuständigen EU-Staat eingeleitet" (GGUA 2007, S. 8).

---

[9]   Auf die Einreise per Seeweg wird in dieser Arbeit nicht eingegangen, da sie in Deutschland relativ selten ist.

Nach der Weiterleitung/Stellung des Asylantrages folgt die persönliche Anhörung des Asylbewerbers in mündlicher Form und mit Dolmetscher. Im Falle der begleiteten Minderjährigen unter 16 Jahren werden nur die Eltern angehört (vgl. § 14a Familieneinheit AsylVfG). Sie müssen getrennt voneinander für sich und ihre Kinder Angaben über die Fluchtgründe machen, sowie „Wohnsitze, Reisewege, Aufenthalte in anderen Staaten und darüber, ob bereits in anderen Staaten oder im Bundesgebiet ein Verfahren mit dem Ziel der Anerkennung als ausländischer Flüchtling oder ein Asylverfahren eingeleitet oder durchgeführt ist" (§ 25 Abs. 1 AsylVfG). Jugendliche Flüchtlinge ab 16 Jahren – sowohl begleitete als auch unbegleitete - durchlaufen dasselbe Anhörungsverfahren wie Erwachsene. In der Regel treffen sie vollkommen unvorbereitet auf die Anhörung; wissen nicht, was sie erwartet und auf welche Punkte sie sich besonders konzentrieren sollten. Der komplette Antrag - und mit ihm die Entscheidung über die Anerkennung bzw. Ablehnung - stützt sich allein auf diese Angaben. Spätere Anmerkungen oder gar Korrekturen sind nicht möglich (vgl. ebd. Abs. 3 AsylVfG). Umso wichtiger wäre eine gezielte Vorbereitung auf die Anhörung durch Sozialpädagogen – auch im Hinblick auf die psychische Belastung, die eine derartige Befragung auslösen kann. In Anbetracht der Grausamkeiten und Fluchterlebnisse, die die Flüchtlinge gemacht haben, sind viele von ihnen traumatisiert. Über das Geschehene zu sprechen ist oft nicht möglich (siehe Kap. 5.1). So kann es passieren, dass aus Angst und Scham wichtige Details ausgelassen werden (z.B. Vergewaltigung, Foltermethoden).

Im Anschluss an die Anhörung verbleiben die Familien in den zugeteilten Erstaufnahmeeinrichtungen, ehe sie in Folgeunterkünften wohnen dürfen (siehe Kap. 3.3). Bis zur endgültigen Entscheidung des BAMF vergehen häufig mehrere Jahre, da die Asylangaben detailliert nachgeprüft werden. Für die Minderjährigen beginnt eine ungewisse Zeit des Wartens und Hoffens, in der sie kaum ihre Zukunft aktiv planen und gestalten können.

Wenn ein *unbegleiteter* Flüchtling unter 16 Jahren auf dem Landweg *unbemerkt* eingereist ist, müssen die Melde- oder Grenzbehörden dies umgehend dem zuständigen Jugendamt mitteilen. Es organisiert die vorübergehende Unterbringung (siehe Kap. 3.4) und leitet das sog. „Clearing- oder Abklärungsverfahren" ein. Dieses umfasst alle verwaltungs-, sorgerechtlichen sowie organisatorischen Abläufe, die zur Klärung der Situation und des weiteren Verbleibs des Minderjährigen notwendig sind (vgl. RIEDELSHEIMER/WIESINGER 2004, S. 77). Ist der Aufenthalt der Eltern unbekannt oder ist es ihnen aufgrund der räumlichen Entfernung sowie der Lage im Heimatland langfristig nicht möglich, die elterliche Sorge auszuüben, muss gemäß § 1674 BGB ein Vormund bestellt werden. Seine Aufgabe ist es, während des Clearing- und Asylverfahrens die Interessen des Mündels zu vertreten. Dazu zählt BRINKMANN auch die Beantragung von Hilfen zur Erziehung und falls notwendig – die Vorbereitung und Begleitung bei der Rückführung in das Herkunftsland (2000, S. 460f.). Idealerweise sollte die Vormundschaft deshalb von einer Person ausgeübt werden, die mit der Situation von unbegleiteten Flüchtlingen vertraut ist und zu der von Seiten des Minderjährigen Vertrauens besteht.

Der Asylantrag ist direkt beim Bundesamt zu stellen „wenn der Ausländer noch nicht das 16. Lebensjahr vollendet hat und sein gesetzlicher Vertreter nicht verpflichtet ist, in einer Aufnahmeeinrichtung zu wohnen" (§ 14 Abs. 2 S.1 Nr. 3 AsylVfG). Eine persönliche *mündliche* Anhörung ist nicht zwingend notwendig, sie kann schriftlich – z.B. über den Rechtsanwalt – an das BAMF in Nürnberg gesandt werden (vgl. GGUA 2007, S. 11). Das erspart dem jungen Flüchtling evtl. Stress oder Schwierigkeiten wegen seiner Glaubwürdigkeit während des Interviews. Außerdem kann er dann mit seinem Vormund die Darstellung der Fluchtgeschichte systematisieren und ggf. einen Rechtsanwalt zu Rate ziehen, was u.U. die Chancen auf eine Anerkennung erhöht.

Als Sonderfall für die Antragstellung gilt die Einreise über einen deutschen Flughafen. Unabhängig vom Begleiterstatus des Kinderflüchtlings kommt dabei das sog. „Flughafenasylverfahren" nach § 18a AsylVfG zur Anwendung. Wesentlicher Unterschied zu den eben beschriebenen Abläufen ist, dass das komplette Asylverfahren *vor der Entscheidung über die Einreise* durchgeführt werden muss. Das heißt, weder erwachsenen noch minderjährigen Flüchtlingen ist es erlaubt, das Flughafengelände zu verlassen. Alle Schritte, von der Identitätsprüfung über die Antragstellung bis hin zur Entscheidung, geschehen vor Ort. Zu diesem Zweck errichtete das BAMF an den großen Airports Frankfurt am Main, Düsseldorf, Hamburg, München und Berlin-Schönefeld eigene Außenstellen (vgl. MESOVIC 2000, S. 289f.).

Besondere Bedeutung hat im Kontext mit der Identitätsprüfung der *UMF* die Altersfeststellung. Hat ein Kinderflüchtling keine Papiere bei sich, die Angaben über sein Alter enthalten, sind die Grenzbeamten auf die mündlichen Aussagen angewiesen. Sollten Zweifel an deren Richtigkeit bestehen, findet die sog. „Inaugenscheinnahme" statt. Anhand des äußeren Erscheinungsbildes sowie des Kenntnis- und

Wissensstandes des Minderjährigen wird sein Alter ermittelt (vgl. ebd. 2000, S. 294). Stress und belastende psychische Erfahrungen vor und während der Flucht führen evtl. zu einer frühzeitigen Reife und Ernsthaftigkeit. Vor allem in der Pubertät wirken Jugendliche durch ihr sich entwickelndes Äußeres oft älter, als sie tatsächlich sind. Ihnen droht mit der Inaugenscheinnahme die Einstufung als 16-Jährige und damit als handlungsfähige, erwachsene Flüchtlinge – mit weitreichenden Folgen für das Asylverfahren und den weiteren Aufenthalt (siehe Kap. 3.2). Kritisch anzumerken ist außerdem, dass die Alterseinstufung nicht von medizinisch und pädagogisch ausgebildeten Fachkräften durchgeführt wird. Stattdessen übernehmen Polizeibeamte des Bundesgrenzschutzes oder Mitarbeiter der Ausländerbehörden die Altersschätzung.

Innerhalb von zwei Tagen muss die Außenstelle des BAMF über den Antrag entscheiden: eine Ablehnung ist mit dem Verbot der Einreise in die BRD und einer Rückkehr in die Heimat oder das zuständige europäische Nachbarland verbunden. Sollte in den beiden Tagen eine Entscheidung nicht möglich sein, darf der Asylsuchende einreisen bzw. das Flughafengelände verlassen (vgl. § 18a AsylVfG). Bis zur Entscheidung verbleibt der Minderjährige (mit seinen Angehörigen) in der Obhut des Grenzschutzamtes in eigens dafür errichteten Unterkünften am Flughafen. Eine gezielte sozialpädagogische Betreuung gibt es nicht, einzige Kontaktpersonen sind die Grenzbeamten und andere betroffene Asylbewerber. BRINKMANN kritisiert diese Bedingungen als unzureichend und unangemessen, die einer geschlossenen Unterbringung gleichen (vgl. ebd. 2000, S. 461). Auswirkungen davon können sich in psychosomatischen Krankheitssymptomen oder Verhaltensauffälligkeiten bei den Minderjährigen äußern, da sie sich mit der Situation überfordert und alleingelassen fühlen. Selbst ein Vormund hat nur eingeschränkte Zugangsmöglichkeiten zu seinem Mündel, so dass es schwierig ist, letzteren auf die persönliche Anhörung vorzubereiten, zu beraten oder über den Ablauf des Asylverfahrens aufzuklären.

Wie viele Einreisen per Luft oder über Land geschehen, lässt sich aus den aktuellen Angaben des BAMF nicht entnehmen. Ebensowenig enthalten die Statistiken Hinweise auf die Gründe für die jeweiligen Asylanträge. Dennoch liegen Daten über die Anzahl der Asylerstanträge von Minderjährigen für das Jahr 2007 vor. Im Vergleich mit den Angaben von KLINGELHÖFER/RIEKER können tendenzielle Aussagen über die Gruppe der unter-18-Jährigen getroffen werden:

Tabelle 2:   Asylerstanträge bei Minderjährigen

Altersstufen	Asylerstanträge im Jahr 2002	Asylerstanträge im Jahr 2007
Unter 16-Jährige	16.894	6.538
16 bis 18-Jährige	6.815	968
bis 18-Jährige insg.	23.709	7.506
alle Altersstufen insg. (bis 18 J. und älter)	71.127	19.164

(vgl. KLINGELHÖFER/RIEKER 2003, S. 5; vgl. ASYL IN ZAHLEN 2007, S. 23)

Wie die Tabelle 2 zeigt, stammt in beiden Jahren der Großteil der Asylerstanträge Minderjähriger von den unter 16-Jährigen. Mit Blick auf die absoluten Zahlen haben im ersten Jahr mehr als doppelt so viele Kinderflüchtlinge bis zum Alter von 16 Jahren einen Erstantrag gestellt wie 2007. Bei der nächsten Altersstufe waren es im ersten Jahr sogar sieben Mal so viele Minderjährige. Doch im Verhältnis der Asylgesuche der Kategorie „bis 18-Jährige insg." zur Anzahl der Anträge „alle Altersstufen insg." entfallen auf die Flüchtlingskinder etwa 33,3 % (23.709) im Jahr 2002 und rund 39,2 % (7.506) im Jahr 2007. In beiden Jahren stellten sie damit mehr als ein Drittel aller Anträge in der Bundesrepublik. Sogar die Einführung des Zuwanderungsgesetzes 2005 konnte diesen Trend nicht ändern, denn relativ gesehen, hat der Anteil innerhalb der fünf Jahre um knapp 6 % zugenommen. Doch nicht jeder der Asylerstanträge ist erfolgreich, so dass ein Aufenthaltstitel nicht erteilt bzw. die Ausreise verlangt wird.

3.3   Aufenthaltsstatus und Abschiebung

Mit Beginn des Asylverfahrens erhalten die Asylsuchenden eine sog. „Aufenthaltsgestattung" nach § 55 AsylVfG, d.h. ihr Aufenthalt im Bundesgebiet ist ab diesem Zeitpunkt rechtlich gesehen legal. Allerdings dürfen gestattete Asylbewerber ihren Wohnort nicht frei innerhalb Deutschlands wählen. Ihr Aufenthalt ist auf den räumlichen Zuständigkeitsbereich der Ausländerbehörde beschränkt (Residenzpflicht), in dem sich die Aufnahmeeinrichtung befindet (vgl. § 56 AsylVfG). Mit der Entscheidung über den Asylantrag erlischt die Gestattung, weil entweder die Zuerkennung oder Ablehnung des offiziellen Flüchtlingsstatus erfolgt.

Im ersten Fall erteilt der Gesetzgeber eine auf maximal drei Jahre befristete Aufenthaltserlaubnis, die durch den Zusatz des Aufenthaltszweckes näher bestimmt wird. Üblich sind Aufenthaltstitel aus humanitären, völkerrechtlichen oder politischen Gründen nach den §§ 23 – 26 AufenthG. Zwar liegt die Vermutung nahe, dass Flüchtlinge zuerst im Rahmen des Art. 16a GG anerkannt würden, doch in der Praxis ist dies selten der Fall. Das belegen die Zahlen der Asylstatistik, denn im Jahr 2007 betrug der Gesamtanteil laut BAMF lediglich 1,1 % aller Asylgesuche in der BRD (ASYL IN ZAHLEN 2007, S. 40)[10]. Wie viele Anträge davon auf unter 18-Jährige entfallen, ist nicht ausgewiesen.

Daneben kann ein Abschiebungsverbot nach § 60 Abs. 1 AufenthG erteilt werden, wenn für einen (minderjährigen) Ausländer in der Heimat u.a

„sein Leben oder seine Freiheit wegen seiner Rasse, Religion, Staatsangehörigkeit, seiner Zughörigkeit zu einer bestimmten sozialen Gruppe oder wegen seiner politischen Überzeugung bedroht ist."

Hier wird eindeutig Bezug zur Genfer Flüchtlingskonvention genommen, die genau die gleichen Gründe als schutzbedürftig erklärt. Der Verfolger muss nicht zwangsläufig der Staat selbst sein; es kann auch eine Bedrohung von Parteien oder einzelnen Organisationen des Staatsapparates oder gar nichtstaatlichen Akteuren ausgehen (vgl. § 60 Abs. 1 AufenthG). Hervorzuheben sind ebenfalls Abs. 2 und 7 des § 60 AufenthG, weil sie genauer auf die Fluchtursachen eingehen. So werden die Gefahr der Folter, der unmenschlichen oder erniedrigenden Behandlung sowie der individuellen Gefahr für Leib und Leben als Angehöriger der Zivilbevölkerung im Rahmen eines innerstaatlichen Konfliktes angeführt. Alle drei sind insbesondere für Minderjährige aus Kriegsgebieten ausschlaggebende Faktoren für eine Flucht. Trotzdem ist ihr Aufenthaltsstatus in den meisten Fällen unsicher oder ungewiss (vgl. KLINGELHÖFER/RIEKER 2003, S. 7), denn viele der Kinder und Jugendlichen erhalten entweder keinen der bereits genannten Aufenthaltstitel oder müssen jedes Mal um dessen Verlängerung bangen. In die erstgenannte Kategorie fällt vor allem der Erhalt einer „vorübergehenden Aussetzung der Abschiebung (Duldung)". Durch ihre Erteilung kann

„die Abschiebung von Ausländern aus bestimmten Staaten oder von in sonstiger Weise bestimmten Ausländergruppen allgemein oder in bestimmte Staaten für längstens sechs Monate ausgesetzt" werden (§ 60a Abs. 1 AufenthG).

---

[10]   die Zahlen umfassen Asylerst- und Folgeanträge

Hierbei wird berücksichtigt, dass die Situation im Herkunftsland unsicher und mit der Rückkehr eine Gefahr für den Betroffenen verbunden ist. Im Gegensatz zum bereits erwähnten Abschiebungsverbot (§ 60 AufenthG) geht der Gesetzgeber jedoch davon aus, dass die Gründe, die gegen die Abschiebung sprechen, in absehbarer Zeit von maximal einem halben Jahr behoben sind. Wenn zum Ablauf der Duldung die Umstände im Heimatland immer noch eine Abschiebung verhindern, erfolgt eine Verlängerung um drei bis sechs Monate. Aufgrund dieser Regelung kam es in der Vergangenheit zu „Kettenduldungen", bei denen z.B. Flüchtlingskinder aus dem Kosovo viele Jahre nur geduldet in Deutschland lebten. Sie mussten jederzeit mit einer Abschiebung rechnen, insbesondere wenn eine Verlängerung der Duldung bevorstand. Erst mit der Änderung des Zuwanderungsgesetzes im August 2007 kam es zu einer Sonderregelung (Altfallregelung) für langjährig Geduldete. Für die minderjährigen Flüchtlinge gelten seitdem einerseits die gleichen Regelun-gen wie für erwachsene Ausländer, andererseits existieren spezielle Ausführungen. So heißt es in § 104a Abs. 1 AufenthG, dass einem geduldeten Ausländer eine Aufenthaltserlaubnis nach § 23 Abs. 1 AufenthG erteilt werden soll,

„wenn er sich am 1. Juli 2007 seit mindestens acht Jahren oder, falls er zusammen mit einem oder mehreren minderjährigen ledigen Kindern in häuslicher Gemeinschaft lebt, seit mindestens sechs Jahren ununterbrochen geduldet, gestattet oder mit einer Aufenthaltserlaubnis aus humanitären Gründen im Bundesgebiet aufgehalten hat."

Demnach hätten *unbegleitete* minderjährige Flüchtlinge nur Anspruch auf die Aufenthaltserlaubnis, wenn sie vor dem 1. Juli 1999 in die BRD eingereist wären. Auf unter 16-Jährige UMF findet diese Regelung keine Anwendung; für sie gelten sechs Jahre geduldeter Aufenthalt (Stichtag 1. Juli 2001) wie bei begleiteten Minderjährigen (vgl. § 104a Abs. 2 AufenthG). Von der Gesetzesänderung sind überwiegend Minderjährige betroffen, die aufgrund des Kosovo-Kriegs 1999 nach Deutschland flüchteten (siehe Kap. 4). Flüchtlingskinder, die während des Irak- oder Afghanistankrieges ihre Heimat verließen, umfasst die Regelung oftmals nicht, weil sie die Aufenthaltsdauer bis zum Stichtag nicht erfüllen. Lediglich für Kinder ab dem 14. Lebensjahr, deren geduldete Eltern ausgewiesen werden, besteht eine geringe Chance auf einen Aufenthaltstitel (vgl. § 104b AufenthG). Trotz der Festlegung auf die Gruppe der über 14-Jährigen ist eine Trennung der Familie aus sozialpädagogischer Sicht keinesfalls gutzuheißen. Angesichts der vielfach erlebten, belastenden Fluchterlebnisse trägt eine solche Trennung zur weiteren psychischen Destabilisierung der Minderjährigen bei und kann evtl. eine erneute Traumatisierung hervorrufen. Gleiches gilt im Falle einer Ablehnung des Asylantrages.

Nach Zustellung des negativen Bescheides ist rasches Handeln notwendig. In der Regel ist ihm eine sog. „Abschiebeandrohung" (§ 34 AsylVfG; § 59 AufenthG) beigefügt: Abschiebung bedeutet nichts anderes als die Rückführung in die Heimat oder einen anderen aufnahmepflichtigen oder –fähigen Staat. Sollte der abgelehnte Minderjährige (inkl. seiner Familie) nicht innerhalb einer bestimmten Frist das deutsche Bundesgebiet freiwillig verlassen, muss er mit einer Abschiebung durch den deutschen Staat rechnen. Je nach Begründung des BAMF („offensichtlich unbegründet", „tatsächlich unbegründet") variieren Klage- und Ausreisefristen zwischen einer Woche und einem Monat (vgl. GGUA 2007, S. 27). Verstreicht der Zeitraum ungenutzt, ist die Androhung wirksam. Kommt der abgelehnte Flüchtling der Ausreiseaufforderung nicht nach oder besteht die Wahrscheinlichkeit, dass er seine Abschiebung verhindert, kann er nach § 62 AufenthG in Abschiebehaft genommen werden. Dabei differenziert das Aufenthaltsgesetz nicht zwischen Minderjährigen und Erwachsenen. Folglich besteht auch für unter 18-Jährige die Gefahr der Inhaftierung bis zur definitiven Ausreise. Zu unterscheiden ist hier zwischen der Vorbereitungshaft von maximal sechs Wochen, „*wenn über die Ausweisung nicht sofort entschieden werden kann und die Abschiebung ohne die Inhaftnahme wesentlich erschwert oder vereitelt würde*"(§ 62 Abs. 1 AufenthG); sowie der Sicherungshaft von bis zu sechs Monaten, wenn sich der unter-18-Jährige z.B. durch unerlaubten Wohnortswechsel („untertauchen") der Abschiebung entzogen hat. Von der eigentlichen „Abholung" in der Unterkunft bis zur tatsächlichen Ausreise können somit mehrere Tage oder auch Monate vergehen. Diese unterschiedliche Dauer hängt gleichzeitig mit der Wiederaufnahmebereitschaft des Herkunftslandes oder der Einreiseroute des Minderjährigen zusammen: Einige Länder verweigern ihren Staatsangehörigen die Einreise, so dass diese in ein aufnehmendes Nachbarland oder einen für die Durchführung des Asylverfahrens zuständigen Staat abgeschoben werden (vgl. § 34a AsylVfG). Was dort mit den Flüchtlingskindern geschieht, liegt nicht mehr in der Verantwortung des deutschen Staates.

Unabhängig von der Länge der Abschiebehaft sind deren Auswirkungen auf die (psychische) Entwicklung eines jungen Menschen äußerst kritisch zu betrachten. So kann eine Inhaftierung ohne strafrechtliche Gründe als eine demütigende und beängstigende Erfahrung gelten, die ggf. (re-) traumatisierend wirkt (vgl. KLINGELHÖ-

FER/RIEKER 2003, S. 8). Im schlimmsten Fall könnte das erneute Durchleben der traumatischen Ereignisse zu Kurzschlusshandlungen mit Suizid oder anderen Selbstverletzungen führen. Eine freiwillige Rückkehr durch den Minderjährigen ist deshalb in jedem Falle vorzuziehen. Daneben muss jede Ausreise kindgerecht ablaufen, indem Alter, Entwicklungsstand und die jeweilige psychische Situation des Flüchtlings berücksichtigt werden. In diesem Kontext sollte ihm deshalb eine Vertrauensperson seiner Wahl zur Seite zu stehen, die gemeinsam mit ihm die Rückkehr in die Heimat plant und organisiert (siehe Kap. 6). Vor allem bei unbegleiteten Minderjährigen scheint dies angebracht. Die Vorstellung, zurück in die Heimat zu müssen und erneut mit den dortigen Zuständen oder Erinnerungen konfrontiert zu werden, kann Panik, Angst und Hilflosigkeit auslösen. HEINHOLD plädiert dafür, dass eine Begleitung nicht schon am Flughafen oder an der Grenze endet, „sondern erst dann, wenn das Kind sein Ziel erreicht hat, also entweder bei den Eltern bzw. aufnahmebereiten Personen oder im Kinderheim angekommen ist" (2000, S. 313). Derartige Hilfestellungen würden den jungen Flüchtlingen ein Minimum an Sicherheit und Entlastung bieten, da sie nicht vollkommen unvorbereitet und allein in die Heimat zurückkehren müssten. Doch selbst im Falle eines (vorübergehend) erlaubten Aufenthaltes sind die Lebensumstände für die Minderjährigen in Deutschland schwierig.

3.4   Soziale Situation

Wesentliche Aspekte der sozialen Lage von Kinderflüchtlingen sind die Wohn- und Versorgungssituation sowie der Zugang zum Bildungssystem. Bei den nachfolgenden Erläuterungen gilt es zu bedenken, dass regionale bzw. bundesländerspezifische Unterschiede bestehen. Zusätzlich muss zwischen unbegleiteten und begleiteten Minderjährigen differenziert werden.

Unterbringung und Wohnsituation in den Unterkünften

Sobald das Jugendamt durch den Bundesgrenzschutz oder eine andere Behörde von der Ankunft eines *unbegleiteten* Kinderflüchtlings erfahren hat, fällt ihm die Aufgabe der Unterbringung zu. Es ist im Sinne des § 42 Abs. 1 SGB VIII zur Inobhutnahme von ausländischen Kindern und Jugendlichen berechtigt und verpflichtet, wenn sich keine Personensorge- oder Erziehungsberechtigten in Deutschland aufhalten. Die Inobhutnahme geschieht dann in Form einer Unterbringung in „Clearinghäusern", speziellen Jugendhilfeeinrichtungen für UMF. Sie dienen der Erstversorgung des Flüchtlings im Rahmen des Clearingverfahrens und umfassen je nach Bundesland unterschiedliche Maßnahmen, u.a. die Sicherung der Grundbedürfnisse, Gesundheitsfürsorge, pädagogische Betreuung und Vorbereitung auf die weitere Unterbringung (vgl. RIEDELSHEIMER/ WIESINGER 2004, S. 77).

Nach Abschluss der Erstversorgung wird der unbegleitete Flüchtling in einer Folgeeinrichtung untergebracht. JORDAN benennt insbesondere die Einrichtungen der Heimerziehung oder betreuten Wohnform nach § 34 SGB VIII, sowie betreutes Wohnen im Rahmen der sozialpädagogischen Einzelbetreuung laut § 35 SGB VIII (vgl. JORDAN 2000, S. 86). Betreutes Wohnen kommt insbesondere für diejenigen in Frage, die längerfristig eine individuelle und intensive Betreuung durch Sozialpädagogen benötigen, wie z.B. schwer traumatisierte Kinderflüchtlinge. Die Auswahl sollte zum einen anhand der Wünsche/des Bedarfs des Minderjährigen erfolgen, zum anderen anhand der Fachkenntnisse des dortigen Personals im Umgang mit traumatisierten Kindern und Jugendlichen. Wenn traumabedingte Verhaltensweisen nicht entsprechend erkannt werden, führt dies u.U. zu Fehlurteilen und -handlungen bis hin zur Ausweisung des Betroffenen aus der Wohneinrichtung.

Eigentlich sollten 16-18-jährige UMF ebenfalls in jugendspezifischen Clearinghäusern untergebracht werden, doch in fast allen Bundesländern ist es üblich, dass sie genau wie erwachsene Flüchtlinge in allgemeinen Erstaufnahmeeinrichtungen wohnen. Ausnahmen bilden lediglich Rheinland-Pfalz und Thüringen, wo zumindest weibliche jugendliche Flüchtlinge in einer Jugendhilfeeinrichtung unterkommen (vgl. JOCKENHÖVEL-SCHIECKE 2000, S. 301). Der Aufenthalt in den Ersteinrichtungen ist verpflichtend und zeitlich auf drei Monate befristet, ANGENENDT berichtet aber von erheblichen Überschreitungen in der Praxis bis zu sechs Monaten (vgl. ebd. 2000, S. 60). Nach ihrer Erstaufnahme werden sie auf Sammel- oder Gemeinschaftsunterkünfte (GU) verteilt.

Jedes Bundesland muss eine bestimmte Quote an Asylbewerbern aufnehmen. In einigen Bundesländern melden sich jedoch weit mehr Menschen, als Plätze in den Wohnheimen vorhanden sind. Mit Hilfe eines computergestützten Verteilungsverfahrens (EASY) werden deshalb Asylbewerber ab 16 Jahren auf die Länder umverteilt, die noch Plätze frei haben (vgl. GUNßER 2000, S. 297). Somit kann ein jugendlicher Flüchtling, der in Hamburg Asyl beantragt und in der dortigen Erstaufnahmeeinrichtung wohnte, z.B. nach Sachsen umverteilt werden. Jugendspezifische Kriterien wie das Vorhandensein einer geeigneten Jugendhilfeeinrichtung am ersten Aufnahmeort Hamburg, erste Kontakte zu Sozialpädagogen oder Beratungseinrichtungen, spielen keine Rolle. Darüber hinaus führt JOCKEN-HÖVEL-SCHIECKE an, dass „bei Erreichen des 16. Lebensjahres in vielen Kommunen kein Erziehungsbedarf mehr gesehen wird und die Unterbringung in der Jugendhilfe mit dieser Begründung – häufig aber aus Kostengründen – abgebrochen wird" (2000, S. 302). Für die betroffenen Flüchtlinge gilt dann ebenfalls die Unterbringung in den GUs.

Erheblich einfacher sieht die Unterbringungsart für *begleitete* Minderjährige aus. Sie wohnen zunächst mit ihren Familienmitgliedern in der Aufnahmeeinrichtung. Eine Trennung der Sorgeberechtigten von ihren Kindern ist nicht vorgesehen, selbst wenn letztere über 16 Jahre alt sind. Das gilt auch beim anschließenden Umzug in eine Gemeinschaftsunterkunft oder für den Fall der Umverteilung der Familie auf ein anderes Bundesland. Mit der Anerkennung als asylberechtigte oder geduldete Personen erlischt die Verpflichtung, in der GU zu wohnen. Theoretisch könnte sich die Familie nun eine eigene Wohnung mieten, doch in der Praxis gestaltet sich ein Auszug schwierig. Da auch weiterhin die Miete über die Asylbewerberleistungen finanziert wird, lehnt der Gesetzgeber die Entstehung von Mehrkosten für die öffentliche Hand ab (vgl. § 53 AsylVfG). Es kommen somit nur Wohnungen in Betracht, die genauso viel oder weniger als die alte Unterkunft kosten. Ein weiteres Hindernis stellt oftmals der Wohnungsmarkt dar. In vielen Städten ist günstiger Wohnraum knapp, insbesondere für größere Familien mit mehreren Kindern. Zudem bestehen nicht selten Vorurteile bei den Vermietern gegenüber ausländischen Mietern, was die Wohnungssuche erschwert.

Ausstattung, Lage und Betreuung der *Erstaufnahmestellen* variieren; häufig handelt es sich um ehemalige Kasernen oder ähnlich große Anlagen, die mit Sicherungsmaßnahmen versehen und durch private Sicherheitsfirmen bewacht werden (vgl. ANGENENDT 2000, S. 60). Die Bewohner dürfen das Gelände zwar verlassen, müssen sich jedoch an- und abmelden. Auf dem Gelände befinden sich neben Schlaf-/Wohnblocks auch Verwaltungsgebäude sowie Möglichkeiten zur Versorgung, Freizeitbeschäftigung oder Kinderunterbringung.

Trotz der nach außen großräumig angelegten Anlagen weist ANGENENDT auf zahlreiche Missstände innerhalb der Wohnblocks hin: „die Unterbringung von Flüchtlingen in Gemeinschaftsräumen

ohne hinreichende Berücksichtigung ihrer Nationalität, die unzureichende Ausstattung mit sanitären Einrichtungen, nicht vorhandene
bzw. nicht abschließbare Frauen- und Mädchenräume, [sowie] ausschließlich männliches Betreuungs- und Bewachungspersonal" (ebd.
S. 60). Gerade bei weiblichen Flüchtlingen kann die fehlende Trennung zwischen männlichen und weiblichen Wohnbereichen Angst
auslösen. Insbesondere bei denjenigen, die Opfer von sexueller Gewalt wurden oder die aus kulturellen Gründen um einen Verlust ihrer „Ehre" fürchten.

Es ist außerdem keine Seltenheit, dass sich mehrere Flüchtlinge – inklusive der unbegleiteten ab 16 Jahren – ein Zimmer teilen müssen,
ohne sich voneinander abgrenzen zu können. Die Inanspruchnahme
von Privatsphäre ist kaum möglich, insbesondere wenn Wohn- und
Schlafraum nicht getrennt sind oder Eltern und Kinder sich ein
Zimmer teilen müssen. Ähnlich schwierig gestaltet sich die Situation
in den Gemeinschaftsunterkünften. Die Zuteilung der Zimmer unter
den Bewohnern folgt keinen einheitlichen Standards, selbst die Grö-
ße ist nicht bundesweit geregelt. So hat das Bundesland Berlin etwa
festgelegt, dass bei den Wohn- und Schlafräumen für jede Person
mindestens 6 m² Wohnfläche und für jedes Kind bis zu sechs Jahren
mindestens 4 m² bereitgestellt werden sollen (vgl. GOERENS 2003,
S. 29). Im Extremfall hat eine 4-köpfige Familie mit zwei Erwachsenen und zwei Kleinkindern nur eine Fläche von 20 m² zur Verfügung. Ausreichend Platz zum Spielen, Hausaufgaben machen oder
um sich zurückzuziehen, haben die minderjährigen Flüchtlinge deshalb kaum. Gemeinschaftlich genutzte Räume beinhalten zusätzli-
ches Konfliktpotential: Ungewohnte Essensgerüche, die Zubereitung
von Fleisch, das in anderen Kulturen als unrein gilt oder unterschiedliche Vorstellungen von Sauberkeit im Badezimmer führen zu Spannungen unter den Bewohnern.

Häufig befinden sich die Unterkünfte an abgelegenen Standorten außerhalb der Wohngebiete einer Stadt (vgl. ebd., S. 30). Ihre Anbindung an die Infrastruktur ist deshalb schlecht, so dass eine regelmäßige Beförderung zu wichtigen Orten wie Schulen, Kindergärten
oder Ausbildungs-/Arbeitsstätten erschwert wird. Lange Fahrtzeiten,
Umwege und hohe Kosten für Tickets sind die Folge. Gleichzeitig
sinkt durch ihre abschüssige Lage für junge Flüchtlinge die Möglichkeit, soziale Kontakte zu Gleichaltrigen zu knüpfen. Der Besuch eines
Jugendzentrums, Sportvereins oder jugendgerecht gestalteten Ortes
erfordert noch dazu einen erheblichen Zeit- und Organisationsauf-
wand. Vor allem der Austausch mit deutschen und nicht-deutschen
Jugendlichen außerhalb der Unterkunft ist wichtig für die Integration

des Minderjährigen. Dazu gehört aber ebenfalls, dass der Kinderflüchtling zur Teilhabe am gesellschaftlichen Leben befähigt ist, d.h.
die Möglichkeiten aufgrund seiner materiellen und persönlichen
Ressourcen besitzt.

Materielle und gesundheitliche Versorgung

Abhängig von der Wohnsituation besteht eine jeweils unterschiedlich geregelte Versorgung. Allein eingereiste Kinder und Jugendliche, die in Einrichtungen der Jugendhilfe leben, fallen unter die Leis-
tungsbestimmungen des SGB VIII. Darin ist vorgesehen, dass „der
notwendige Unterhalt des Kindes oder Jugendlichen außerhalb des
Elternhauses sicherzustellen" ist (§ 39 SGB VIII). Das umfasst die
Kosten für den (Wohn-)Heimplatz, Versorgung mit Nahrungsmit-
teln, Kleidung, Hygienebedarf und die Auszahlung eines Taschen-
geldes. Zusätzlich besteht ein Anspruch auf Krankenhilfe nach § 40
SBG VIII, welche „den im Einzelfall notwendigen Bedarf in voller
Höhe" befriedigen muss. Dagegen beschränkt sich die gesundheitliche Versorgung bei begleiteten Kinderflüchtlingen und unbegleiteten
über 16 Jahren nur auf *akute* Erkrankungen und Schmerzzustände,
d.h. auf ein Minimum. Alle unabwendbaren Kosten, inklusive der
reduzierten Krankenhilfe, werden über das sog. „Asylbewerberleistungsgesetz (AsylbLG)" abgedeckt, dessen Leistungen etwa 35 % unter der regulären Sozialhilfe liegen (CLASSEN 2008, S. 13).

Die Gewährung von Leistungen erfolgt „je nach Bundesland, Land-
kreis oder Stadt unterschiedlich in Form von Sachleistungen, Waren-
gutschein- Kundenkonto-, Chipkartensystemen und/oder (Teil-) Bar-
geldzahlungen" (KLINGELHÖFER/RIEKER 2003, S. 10). So gibt es
z.B. für Flüchtlinge in Niedersachen Wertgutscheine für den Einkauf
von Lebensmitteln, in bayerischen Gemeinschaftsunterkünften bekommen die Flüchtlinge zweimal wöchentlich Essenspakete geliefert
(vgl. BAYERISCHER FLÜCHTLINGSRAT), deren Inhalt zuvor anhand einer feststehenden Liste auszuwählen ist. Alle persönlichen
Wünsche, zusätzliche Lebensmittel und Freizeitangebote müssen mit
dem Taschengeld finanziert werden. Flüchtlinge bis zum vollendeten
14. Lebensjahr erhalten ein Taschengeld von 20,45 Euro und ab dem
15. Lebensjahr eines von 40,90 Euro pro Monat (vgl. § 3 Abs. 1
AsylbLG). Obwohl mit zunehmendem Alter evtl. die Kosten zur Deckung von persönlichen Bedürfnissen ansteigen, erfolgt keine weitere
Staffelung nach Altersstufen. Handlungskompetenz und Selbststän-
digkeit der Flüchtlingskinder werden so erheblich eingeschränkt, ihr

Lebensstil ist – gerade durch die Gutscheinpraxis – zum Großteil fremdbestimmt.

Zugang zu Schule und Ausbildung

Mit Artikel 28 der UN-Kinderrechtskonvention erkennen die Vertragsstaaten – darunter Deutschland - das Recht des Kindes auf Bildung sowie den Besuch der Grundschule als Pflicht für *alle* Kinder an. Trotzdem findet die allgemeine Schulpflicht in der BRD keine generelle Anwendung auf die Flüchtlingskinder. KLINGELHÖFER/RIEKER ist zu entnehmen, dass nur in knapp der Hälfte der Bundesländer, darunter Bayern, Berlin, Brandenburg, Bremen, Hessen, Niedersachsen und Schleswig-Holstein, eine Pflicht zum Schulbesuch besteht (vgl. 2003, S. 18). In den anderen Ländern ist er entweder an den Aufenthaltstitel gebunden (Rheinland-Pfalz, Saarland, Thüringen), als Anspruch (Sachsen, Nordrhein-Westfalen), auf Wunsch der Eltern (Baden-Württemberg, Hamburg, Sachsen-Anhalt) oder gar nicht vorgesehen wie in Mecklenburg-Vorpommern.

Ob und wie die jungen Flüchtlinge reguläre Bildungsangebote wahrnehmen können, hängt von verschiedenen Faktoren ab: Erstens spielen die deutschen Sprachkenntnisse und die bisherige Bildungsbiographie eine Rolle. Nur wenige geflüchtete Schüler sprechen bei ihrer Einreise ausreichend Deutsch, um dem Unterricht folgen zu können. Fördermöglichkeiten wie Vorbereitungsklassen oder gezielte Sprachkurse sind notwendig, aber längst nicht in allen Bundesländern und Regionen vorhanden. Teilweise erfolgt der Schul- und Sprachunterricht darum in den Clearinghäusern oder Gemeinschaftsunterkünften. Außerdem kann nicht von einer lückenlosen Schulbildung ausgegangen werden. In den Herkunftsländern herrscht(e) Krieg, der einen regelmäßigen Schulbesuch nicht möglich machte. Sei es, weil die Infrastruktur des Landes zerstört wurde, keine Schulen oder Busse mehr existierten oder weil der Schulweg selbst zum Sicherheitsrisiko wurde. Viele Flüchtlingskinder haben deshalb vermutlich nur sehr kurz oder nie eine Schule besucht, wodurch eine Teilnahme am Unterricht in Regelklassen erschwert ist (vgl. ANGENENDT 2000, S. 71). Als Folge werden viele Flüchtlinge in ihren Leistungen und Kenntnissen unterschätzt, insbesondere wenn Konzentrations- und Lernschwierigkeiten sowie Verhaltensauffälligkeiten hinzutreten. Im schlimmsten Fall werden so Anzeichen von Traumatisierungen verkannt und die Betroffenen an Förderschulen verwiesen. Auf wie viele geflüchtete Kinder und Jugendliche das zutrifft, ist nicht eindeutig feststellbar, da statistisch nicht zwischen ausländischen Minderjährigen und Flüchtlingen differenziert wird. Es kann jedoch vermutet werden, dass für beide Gruppen ähnliche Bildungsgrade gelten. Im SIEBTEN AUSLÄNDERBERICHT stellt der Hauptschulabschluss mit ca. 41 % dabei die am häufigsten erreichte Qualifikation dar, gefolgt vom Realschulabschluss mit etwa 30 % (vgl. 2007, S. 59). Des Weiteren verlassen mehr ausländische Schüler und Schülerinnen ohne jeglichen Abschluss die Schule, was eine anschließende Ausbildungsplatzsuche erschwert. Bei den Schulabbrechern können dafür nicht nur sprachliche Defizite verantwortlich sein, sondern auch die zuvor erwähnten fehlenden Bildungsbedingungen sowie die angespannte psychische und soziale Gesamtsituation.

Trotzdem darf nicht übersehen werden, wie sehr sich viele der Flüchtlingskinder bemühen, gute schulische Leistungen zu erbringen und Förderangebote wahrzunehmen. Hausaufgabenbetreuung, Motivationsgespräche und Bewerbungstrainings durch (sozial-) pädagogische Kräfte und Ehrenamtliche sind hier wichtige Unterstützungsleistungen. Besonders ausbildungssuchende Jugendliche haben es oft schwer, eine Lehrstelle zu finden, weil sie die ausländerrechtlichen Regelungen beachten müssen. Um eine Lehre zu absolvieren, brauchen Flüchtlinge in der Regel eine Arbeitserlaubnis, deren Erhalt an den jeweiligen Aufenthaltsstatus gebunden ist. Eine Duldung oder Gestattung berechtigt normalerweise nicht zur Erwerbstätigkeit, weil der Gesetzgeber von der baldigen Rückkehr des Inhabers ausgeht und keine Notwendigkeit in einer Ausbildung oder Arbeit sieht. Ausnahmen hiervon *können* für diejenigen ergehen, die sich „seit einem Jahr geduldet […] oder seit vier Jahren geduldet oder mit Aufenthaltsgestattung im Bundesgebiet aufgehalten haben" (vgl. § 10 Beschäftigungsverfahrensordnung BeschVerfV). Über die Zusage entscheidet die Bundesagentur für Arbeit. Doch auch wenn der Minderjährige seine Ausbildung beginnen darf, besteht weiter Unsicherheit darüber, ob er sie auch zu Ende führen kann. Eine begonnene Lehre bietet keine Garantie für die Verlängerung einer Duldung oder eines Aufenthaltstitels, das heißt, es besteht auch kein Schutz vor einer Abschiebung.

Hat der Jugendliche keine Arbeitserlaubnis erhalten oder keinen geeigneten Ausbildungsplatz gefunden, müssten überbrückende Fördermöglichkeiten zur Verfügung stehen. Wegen der (aufenthalts-) rechtlichen Einschränkungen ist es jedoch schwierig, Ansprüche auf berufsvorbereitende Maßnahmen für die jungen Flüchtlinge durchzusetzen (vgl. CLASSEN 2008, S. 181ff.). Für sie geht damit die Chance verloren, sich aus der vorherigen Abhängigkeit von staatlichen Leistungen zu befreien und ihren Lebensunterhalt eigenständig zu verdienen. Das wäre nicht nur im Hinblick auf die Zukunft in Deutschland, sondern auch für eine Perspektive in der Heimat wichtig. Dort sieht die Situation im Falle einer Rückkehr eventuell noch schlechter aus, wenn die Jugendlichen keine beruflichen Qualifikationen erworben haben. Staatliche Unterstützungssysteme wie in Deutschland existieren in den meisten Herkunftsländern nicht oder aufgrund der Kriegssituation nicht mehr. Eine abgeschlossene Berufsausbildung vor der Rückkehr könnte die Chancen der Geflüchteten in ihrer Heimat erheblich verbessern, dort eine Arbeit zu finden und zu überleben.

4   Das Kriegs- und Krisengebiet des Kosovo

Zahlreiche minderjährige Flüchtlinge flohen aufgrund des Kosovo-Krieges 1998/99 aus ihrer Heimat nach Deutschland. Sowohl im Vorfeld als auch nach offiziellem Kriegsende verließen viele von ihnen diese Region des ehemaligen Jugoslawiens, um den vom serbischen Regime ausgeübten Repressionen zu entkommen (vgl. KLINKE 2004, S. 207). Noch heute, fast 10 Jahre nach Kriegsende, ist die Lebenssituation für viele kosovarische Flüchtlingskinder in Deutschland ungewiss. Selbst die am 17. Februar 2008 erklärte Unabhängigkeit der Provinz Kosovo von Serbien hat keine eindeutige Klärung gebracht, ob und wann die betroffenen Minderjährigen zurückkehren müssen.

Die gewaltsamen Konflikte im Kosovo können als Beispiel eines neuzeitlichen Krieges gesehen werden. Seine negativen Auswirkungen erstrecken sich bis heute auf die geflohenen Kinder und Jugendlichen (siehe Kap. 5). Kennzeichnend für die neuen Kriege ist, dass seit den 90er Jahren ein „Formwandel" (SEIFERT 2004b, S. 23) eingetreten ist. Sie werden nicht mehr nur auf zwischenstaatlicher Ebene ausgetragen, sondern innerstaatlich. Damit verlagert sich der Handlungsort in die Länder hinein, wodurch überwiegend Zivilisten zu den Opfern und Involvierten der Kampfhandlungen zählen. Bezogen auf das Kosovo entluden sich jahrzehntelange ethno-nationalistische Spannungen. Sie führten schließlich zu einem genozidalen Krieg, der von serbischer Seite eine „ethnische Säuberung" des Kosovo vorsah (RÜB 1999, S. 90 ff.): Die albanische Mehrheitsbevölkerung des Kosovo sollte systematisch vertrieben und vernichtet werden, um den dortigen Serben „ihr" Gebiet zurückzugeben. Um zu verstehen, wie sich die gegenseitige Ablehnung ausweitete und 1999 in den Krieg mündete, ist an erster Stelle eine Kenntnis des Landes und seiner historischen Entwicklung notwendig (Kap. 4.1). Hierbei geht es auch um die Auseinandersetzungen zwischen den beiden Bevölkerungsgruppen der Albaner und Serben, die sich bis zur erstmaligen Unabhängigkeitserklärung 1990 erstrecken. In den folgenden Jahren bis zum Kriegsausbruch 1999 steigerten sich die Vertreibungsmaßnahmen von serbischer Seite unter der Herrschaft Milošević und führten zum Krieg geben die albanische Bevölkerung (Kap. 4.2). Ausgelöst durch das internationale militärische Eingreifen kam es 1999 zum Kosovo-Krieg. Dessen Folgen und die Zeit bis zur Erlangung der Unabhängigkeit 2008 finden ebenfalls Berücksichtigung (Kap. 4.3).

4.1   Geschichtliche und politische Situation von 1945 bis 1990

Das Kosovo ist eine Region im ehemaligen Vielvölkerstaat Jugoslawien, welches auf der Balkanhalbinsel und somit in Südosteuropa liegt. Wie die Karte zeigt, ist es von seinen Nachbarstaaten Serbien, Mazedonien, Albanien und Montenegro vollständig umschlossen:

Abbildung 2: Karte des Kosovo (aus: NIETSCH 2005, S. 1)

Unter den rund 2,1 Millionen Menschen, von denen mehr als die Hälfte jünger als 25 Jahre sind, leben unterschiedliche Ethnien zusammen (vgl. FISCHER WELTALMANACH 2008, S. 431): Dazu zählen 90 % Albaner, 6 % Serben und mit knapp 4 % viele kleine Gruppen wie Türken, Bosniaken, Roma, Aschkali, Goraner u.a. Zwischen den beiden größten Bevölkerungsschichten bestehen seit Jahrhunderten Konflikte um die Gebietsherrschaft: Während sich die Albaner für die Unabhängigkeit des Kosovo von Serbien einsetzten, wollten die Serben diese Zugehörigkeit nicht aufgeben (vgl. MALIQI 1999, S. 121). Verfolgung, Unterdrückung und gewaltsame Auseinandersetzungen gab und gibt es von beiden Seiten.

Nach Ende des Zweiten Weltkrieges erfolgte der Anschluss des Kosovo an Serbien, das damals zu Jugoslawien gehörte. Seine Regierung gestand dem Kosovo Autonomie zu und garantierte den dortigen Albanern den „Schutz ihrer politischen, nationalen und kulturellen Rechte" (ebd., S. 127). Im Widerspruch dazu kam es in den Jahren bis 1966 zu zahlreichen gewaltsamen Übergriffen auf Kosovo-

Albaner durch die serbische Geheimpolizei. In den 70ern entspannte sich das Verhältnis zwischen Serben und Albanern, allerdings nur kurzzeitig. Ausgelöst durch albanische Studentenproteste verhängte die jugoslawische Regierung bis 1984 den Ausnahmestand über das Kosovo. Durch den Vorsitzenden der kommunistischen Partei, Slobodan Milošević, erhielt die dortige serbische Minderheit erhebliche Unterstützung.

Unter seinem Einfluss wurde der bis 1989 geltende autonome Status des Kosovo aufgehoben und von serbischer Seite als „Wiedergewinnung der Souveränität" (VETTER 1999, S. 543) gefeiert. Die serbischen Einwohner des Kosovo sahen sich bestätigt, das „ihr" Gebiet Teil des größeren serbischen Staates sein sollte.

Miloševićs Absicht, auch gewaltsam gegen die kosovo-albanische Bevölkerung vorzugehen, setzte er als neuer Präsident Serbiens kurze Zeit später in die Tat um. Er ließ MALIQI zufolge serbische Truppen in das Kosovo einmarschieren, um die angebliche Vorbereitung eines albanischen Aufstandes durch streikende Bergwerkskräfte zu verhindern (1999, S. 129). Massenverhaftungen und Entlassungen waren die Folge. Viele Eltern der minderjährigen Flüchtlinge „verschwanden" so für lange Zeit in Haft oder verloren ihre finanzielle Existenzgrundlage. Der Druck auf die albanischen Familien erhöhte sich mehr und mehr. Selbst eine Unabhängigkeitserklärung durch die Kosovo-Albaner im Juli 1990 brachte keine Verbesserung. Im Gegenteil, Serbien bzw. Milošević reagierte mit weiteren Sanktionen und ließ zahlreiche albanische Arbeiter aus öffentlichen Ämtern und Betrieben entlassen (vgl. CALIC 2008, S. 35).

Zur gleichen Zeit mit den Unruhen im Kosovo erhoben auch andere Nationen innerhalb Jugoslawiens Ansprüche auf einen unabhängigen Status. Kroatien, Slowenien, Bosnien und Herzegowina kämpften zu Beginn der 90er Jahre für ihre staatliche Eigenständigkeit. Daraus resultierende Kriegsgeschehen zogen die internationale Aufmerksamkeit auf sich und lenkten von der Problematik im Kosovo ab. Laut MALIQI „wollte Milošević keine neue Front im Süden provozieren und duldete im Kosovo einen Status quo – weder Krieg noch Frieden" (1999, S. 131), bis die Kämpfe in den übrigen genannten Regionen entschieden wurden. Entsprechend gingen die Unruhen im Kosovo wie bisher weiter, allerdings nicht so offensichtlich.

4.2   Vorkriegsphase und Ausbruch des Kosovo-Krieges 1999

In den Jahren 1996/1997 steigerten sich die Konflikte zwischen Kosovo-Albanern und der serbischen Bevölkerung: Zum ersten Mal wurde die radikale albanische Gruppe UÇK öffentlich aktiv und verübte bewaffnete Übergriffe (vgl. CALIC 2008, S. 35). Es ist anzunehmen, dass sich hier ebenfalls Kinder und Jugendliche an den gewaltsamen Auseinandersetzungen beteiligten. Zahlreiche Polizeiaktionen gegen Albaner, die im Verdacht der UÇK- Zugehörigkeit standen, endeten in Massakern an der albanischen Zivilbevölkerung. Insbesondere Frauen und Kinder starben und läuteten den Beginn der groß angelegten „Anti-Terroraktionen" gegen albanische Dörfer ein (MALIQI 1999, S. 132). Jegliche Grundlage für eine Wiederkehr, wie Häuser, Landeigentum und Familiennetzwerke, zerstörten die serbischen Truppen und lösten so 1998 einen ethnisch-nationalistischen Krieg aus. Mehr als 300.000 Kosovo-Albaner flohen mit ihren Familien innerhalb kürzester Zeit über die Grenzen in die neu gegründeten Nachbarstaaten oder zu Verwandten nach Deutschland (vgl. RÜB 1999, S. 91).

Eine Besonderheit dieses neuen Kriegstyps ist für SEIFERT die zunehmende Bedeutung des Genderaspektes. Gewalttätige und sexuelle Übergriffe auf weibliche Angehörige der verfolgten Ethnien gelten als kriegstaktische und kriegspsychologische Mittel. Sie werden bewusst von den Machthabern eingesetzt, um den familiären Zusammenhalt zu schwächen oder die Bindungsfähigkeit der Mädchen zu zerstören. Vergewaltigte Frauen müssen eine Verstoßung durch den Ehemann/Partner oder die Familie befürchten, wenn ihr Unglück bekannt wird. Zudem ist die Thematisierung ein gesellschaftliches Tabu, d.h. die Bestrafung der Täter sowie die Aufarbeitung in den Familien geschehen aus Scham nicht. Die alleinige Auseinadersetzung, verbunden mit Schuldzuweisungen etc., kann ein Trauma auslösen (siehe Kap. 5).

Die Zustände im Kosovo erregten internationales Aufsehen. Die NATO (North Atlantic Treaty Organization) versuchte, in Friedensverhandlungen zwischen der serbischen Regierung und Abgeordneten des Kosovo zu vermitteln. Mangelnde Einigkeit zwischen der albanischen und serbischen Konfliktpartei bewirkte, dass die NATO am 24. März 1999 einen Luftkrieg gegen die Bundesrepublik Jugoslawien[11] begann (vgl. VETTER 1999, S. 566). Trotzdem misslang der internationale Versuch, eine humanitäre Katastrophe zu verhindern. Der Bombenkrieg heizte „die Zerstörungswut serbischer Sicherheitskräfte und Paramilitärs" weiter an und innerhalb kürzester Zeit „ereignete sich eine der größten Flüchtlingsbewegungen der europäischen Nachkriegsgeschichte" (CALIC 2008, S. 36). Die bisher ausgelösten Flüchtlingsströme wurden bei weitem übertroffen: Schätzungen gehen von etwa 444.600 nach Albanien, 244.500 nach Mazedonien und rund 69.900 nach Montenegro aus (vgl. REFUGEES MAGAZINE 1999, S. 7). Keines der angrenzenden Länder hatte Vorbereitungsmaßnahmen für die Aufnahme und Versorgung der ankommenden Menschen getroffen. Entsprechend verbrachten letztere eine lange Zeit ohne humanitäre Hilfe in notdürftig eingerichteten Lagern für Flüchtlinge. Um den geflüchteten Albanern vorübergehende Sicherheit und Hilfe zu bieten, wurden mehr als 90.000 von ihnen in andere Staaten wie Deutschland ausgeflogen (vgl. ebd., S. 7). Viele beantragten in der BRD Asyl, wodurch Serbien und Montenegro zu den zugangsstärksten Herkunftsländern für Asylbewerber zählen (siehe Kap. 2.1).

Der Luftkrieg dauerte drei Monate, ehe die serbische Regierung in Belgrad nachgab und der Krieg am 10.6.1999 offiziell beendet war (vgl. CALIC 2008, S. 36). Allerdings gab es kein Friedensabkommen, sondern mit der UN-Resolution 1244 wurde das Kosovo in ein Protektorat mit internationaler Übergangsverwaltung umgewandelt: Diese sog. UNMIK (United Nations Interim Administration Mission in Kosovo) bekam vor Ort durch die KFOR (Friedenstruppe Kosovo Force) Unterstützung, um im Land selbst für Sicherheit und Frieden zu sorgen.

Trotz des offiziellen Kriegsendes und der Präsenz der internationalen Friedenstruppe gingen die Ausschreitungen weiter: Zahlreiche Albaner kehrten aus den Nachbarstaaten zurück in ihre Heimatdörfer, die serbische Bevölkerung floh aus Angst vor Vergeltung größtenteils nach Serbien. In der Folgezeit kam es immer wieder zu Übergriffen auf serbische Zivilisten durch albanische Rückkehrer, die sich ihrerseits für das entstandene Leid rächen wollten (vgl. RÜB 1999, S. 173).

---

[11]   Sie bestand aus Montenegro und Serbien (inkl. Kosovo), d.h. den noch verbliebenen Staaten des ehemaligen Jugoslawiens.

4.3 Von der Nachkriegszeit bis zur Erlangung der Unabhängigkeit 2008

Schon nach Eingreifen der NATO in das Kriegsgeschehen hatte sich Ungewissheit ergeben, wie die Rückkehr der Flüchtlinge geschehen sollte. Besonders diejenigen, die in weiter entfernten Staaten wie Deutschland Schutz gesucht hatten, erhielten dort häufig nur einen vorübergehenden Abschiebungsschutz und keine asylrechtliche Anerkennung als Flüchtlinge (siehe Kap. 3.3). Mit den immer wieder verlängerten Duldungen blieben viele Geflüchtete über Jahre in der BRD. Ihre Zahl schätzt die Schweizer Flüchtlingshilfe auf 53.000 rückkehrpflichtige Personen, darunter 38.000 Angehörige der Roma-Gemeinschaften (SFH 2008). Welchen Anteil die begleiteten und unbegleiteten Minderjährigen ausmachen, ist nicht belegt.

Die fortbestehenden ethnischen Konflikte innerhalb des Kosovo konnten auch mit der Unabhängigkeitserklärung Anfang 2008 nicht gelöst werden. Problematisch an der Lage ist, dass viele der Minderjährigen aufgrund ihrer grausamen Erlebnisse nicht in die Heimat zurück wollen bzw. können. Die SCHWEIZER FLÜCHTLINGSHIL-FE nennt als wesentliche Gründe, dass selbst im Juni 2007 noch 10.405 Häuser und Wohnungen zerstört waren und es rund 23.000 Klagen bezüglich ehemaligen privaten, landwirtschaftlichen oder kommerziellen Grundeigentums gab (vgl. SFH 2008). Die fehlende strukturelle Versorgung äußert sich dabei ebenfalls in der Überforderung der zuständigen Behörden, unklaren Zuständigkeiten und mangelnder Unterstützung beim Wiederaufbau bzw. der Unterbringung (vgl. ebd.). Ähnliche Probleme bestehen bei der gesundheitlichen und psychologischen Behandlung. Für die minderjährigen Flüchtlinge gibt es im Kosovo kaum Möglichkeiten, eine adäquate medizinische sowie therapeutische Begleitung zu erhalten. SCHLÜTER-MÜLLER (vgl. 2005) begründet dies durch einen generellen Mangel an Psychiatern im Land, eine unzureichende finanzielle Ausstattung des kosovarischen Gesundheitswesens und die schlechte infrastrukturelle Erreichbarkeit der wenigen Angebote. Weshalb gerade diese Kriterien wichtig sind, soll nun anhand der psychischen Auswirkungen von Kriegssituationen erläutert werden.

5   Psychische Auswirkungen der Kriegs- und Fluchterlebnisse auf die Minderjährigen

Mit Ende des Ersten Weltkrieges zeigte sich, dass die dort erlebten Kriegsereignisse bei den zurückgekehrten Soldaten tiefe Spuren hinterlassen hatten. Nicht nur auf der äußerlich sichtbaren körperlichen Ebene, sondern vor allem innerlich auf psychischer Ebene. Begriffe wie „Shell-Shock" (Granaten-Schock) und „Physioneurose" tauchten erstmalig auf, „um den gleichzeitig körperlichen wie seelischen, chronischen Beeinträchtigungsprozess" der Soldaten zu beschreiben (HUBER 2007, S. 29). Gleiche Beobachtungen wurden auch nach dem Zweiten Weltkrieg und dem Vietnamkrieg gemacht, so dass die Reaktionen verstärkt in das wissenschaftliche Interesse rückten und sich allmählich die Traumaforschung etablierte. Allerdings lag der Fokus auf erwachsenen Personen. RIEDESSER et. al. sprechen deshalb von einer „Trauma-Blindheit" bei Kindern und Jugendlichen, die „bis weit in die zweite Hälfte des 20. Jahrhunderts" hineinreichte (2008, S. 279).

Um zu verstehen, wie sich die Kriegs- und Fluchterfahrungen auf Minderjährige auswirken, bedarf es zunächst einer Vorstellung von möglichen traumatischen Erfahrungen in Kriegsgebieten (siehe Kap. 5.1). Daran anknüpfend beschäftigt sich Kapitel 5.2 mit den kognitiven Reaktionen auf derartige Ereignisse. Sofern letztere mit einer ernsten Überforderung des Kindes oder Jugendlichen einhergehen, kann es zu einer psychischen Erkrankung wie der Posttraumatischen Belastungsstörung kommen (Kap. 5.3). Bei ihrer Bewältigung ist die Zeit nach der Einreise in die Bundesrepublik entscheidend, weshalb abschließend noch einmal auf diese Zeitspanne eingegangen wird (Kap. 5.4). Zur Veranschaulichung der teilweise sehr theoretischen Ausführungen wird wiederholt Bezug auf das Beispiel des Kosovo genommen.

5.1   Traumatische Situationen in Kriegsgebieten

Das seelische Gleichgewicht von Kindern und Jugendlichen kann durch belastende Lebensereignisse wie eine Flucht oder Kriegssituation erheblich beeinträchtigt werden. Als einer der ersten, hat der jüdische Psychoanalytiker BETTELHEIM (1980, S. 20) die Auswirkungen solcher Belastungen beschrieben und anschließend anhand seiner eigenen Erfahrungen während der Inhaftierung 1938/39 in den

Konzentrationslagern Buchenwald und Dachau erforscht. So schreibt
er:

> *„Wir befinden uns dann in einer Extremsituation, wenn wir in eine Lage
> hineinkatapultiert werden, in der unsere alten Anpassungsmechanismen
> und Wertvorstellungen nicht mehr helfen, ja wo sogar einige von ihnen un-
> ser Leben gefährden, anstatt es wie früher zu schützen. In dieser Situation
> werden wir sozusagen unseres ganzen Abwehrsystems beraubt, und wir
> werden so weit zurückgeworfen, daß wir – der Situation gemäß – neue Ein-
> stellungen, Lebensweisen und Wertvorstellungen entwickeln müssen."*

Hier werden zwei Dinge besonders deutlich: Zum einen die uner-
wartete und heftige Konfrontation mit einer Situation, der der Betroffene nicht gewachsen ist. All seine bisherigen Bewältigungsmöglichkeiten für kritische oder bedrohliche Lebenslagen verlieren ihre Wirkung oder verschlimmern die Extremsituation noch. Zum anderen
deutet sich bereits der enorme Einfluss eines solchen Erlebnisses auf
die Persönlichkeit des Betroffenen an, denn sein Verhalten, Denken,
Fühlen etc. muss sich den Umständen anpassen und neue Lebens-
weisen hervorbringen. Sofern die beschriebene extreme Belastung
auch „zu einer nachhaltigen Erschütterung von zentralen persönlichen Vorstellungsbildern, Werten und Bedürfnissen führen", spricht
FREY von einem Trauma (2001, S. 113). Die Auswirkungen dauern
bis weit nach der eigentlichen (Lebens-) Bedrohung an, d.h. sie müssen entsprechend tiefgreifend sein. Kinder und Jugendliche, deren
Persönlichkeit sich noch im Aufbau befindet und die – abhängig vom
Alter und Entwicklungsniveau – noch keine ausreichenden Verarbei-
tungs- bzw. Bewältigungsmöglichkeiten besitzen, werden durch Extremsituationen somit besonders geprägt: Es kommt zu einer
„Traumatisierung", die in eine *Posttraumatische Belastungsstörung*
(PTBS, engl. PTSD) oder andere psychische Auffälligkeiten münden
kann (siehe Kap. 5.3).

Zur Systematisierung der unterschiedlichen traumatischen Ereignisse empfiehlt sich zunächst die Einteilung in von Menschen verursachte (man made disasters) und natürliche Katastrophen (natural
disasters). Im Rahmen der Fragestellung dieser Arbeit sind nur die
‚man made disasters' von Belang, wobei zusätzlich zwischen jenen
außerhalb und jenen innerhalb der Familie zu differenzieren ist:

Tabelle 3:   Man made disasters

Katastrophen außerhalb der Familie (als Folge von Aggressivität und/oder Grausamkeit)	Katastrophen innerhalb der Familie
- Vergewaltigung - Folter - politische Verfolgung - Krieg - Genozid (Völkermord)	- massive Vernachlässigung - Trennungen - schwere Erkrankungen - Tod der Eltern - emotionaler und sexueller Missbrauch

(vgl. RIEDESSER et al. 2008, S. 280).

Übergänge zwischen außer- und innerfamiliären Katastrophen sind denkbar. So können Kriege zum Tod der Eltern oder zu Trennungen innerhalb der Familie führen, wenn z.B. der Vater wegen politischer Aktivität inhaftiert wird. Wichtig in diesem Zusammenhang ist, dass nicht unbedingt *ein einziges* Erlebnis der Auslöser für ein Trauma sein muss. Minderjährige Flüchtlinge aus Kriegsgebieten wie dem Kosovo haben häufig mehrere der in Tab. 3 genannten ‚man made disasters‘ über einen längeren Zeitraum erlebt, darunter nicht nur die in der linken Spalte genannten. Jedes Ereignis für sich genommen, würde kein Trauma auslösen. Doch in ihrer Gesamtzahl addiert (kumulativ), wirken sich die vielen Ereignisse traumatisierend aus. Als Beispiele nennen FISCHER/RIEDESSER (2003, S. 313 f.) folgende Kriegserlebnisse:

1. **Kinder als direkt Betroffene**
   - Bedrohung des Lebens
   - physische Verletzung durch Waffenwirkung und Folter
   - sexueller Missbrauch, Vergewaltigung
   - Trennung von Eltern und Geschwistern
   - Verlust von Eltern und anderen Verwandten
   - Entführung und Versklavung
   - Vertreibung, Flucht, Entwurzelung
   - Armut, Hunger
   - Zerstörung der Lebensgrundlagen, der Familie, des Dorfes etc.

2. **Kinder als Beobachter von Gewalt und Leiden**
   - Beobachtung von Angst- und Panikreaktionen der Eltern
   - Beobachtung von Verletzung, Tötung und Folterung von nahen Bezugspersonen
   - Beobachtung von Verletzten, Toten und Greueltaten im weiteren sozialen Umfeld

Kinder als Täter
- Beteiligung an Gewalttaten als Kindersoldaten
- Verelendung/Kriminalisierung in marodierenden Banden

Wie groß die Virulenz (Heftigkeit, Nachhaltigkeit) dieser genannten traumatischen Ereignisse ist, hängt zuerst von der Nähe zum Geschehen ab. In den drei beschriebenen Kategorien sind die Minderjährigen entweder direkt als betroffene Opfer, Täter oder indirekt als Zeugen involviert. Psychisch weniger belastend wirkt die indirekte Beteiligung, wenn lediglich beobachtet oder die Nachricht von extremen Ereignissen übermittelt wurde (vgl. FISCHER et al. 2003, S. 633). Andere Risikofaktoren für hohe Betroffenheit sind nach FREY die Unerwartetheit, fehlende Kontrolle, bewusste Absicht und gezielte Demütigung in der traumatischen Situation (vgl. 2001, S. 114). Insbesondere Kinder können in Kriegsgebieten leicht zum „Spielball" zwischen verfeindeten Gruppen werden: Ein Junge wird auf dem Rückweg von der Schule von Angehörigen einer anderen ethnischen Gruppe überfallen, brutal zusammengeschlagen und erlebt eine Scheinhinrichtung. Sie demütigen ihn, beschimpfen ihn als wertlos, überflüssig etc. und drohen ihm beim nächsten Zusammentreffen erneute Strafen an, wenn er z.B. für sie nicht die eigene Familie oder Verwandte ausspioniert.

Neben den genannten Aspekten spielt aber auch die zeitliche Dauer eine Rolle. TERR differenziert zwischen Typ-I-Trauma, als Ergebnis eines einmaligen Ereignisses; sowie dem Typ-II-Trauma aufgrund lang anhaltender oder wiederholter Leiderfahrungen (vgl. 1995, S. 303). Mit großer Wahrscheinlichkeit sind Kinder und Jugendliche aus Kriegsgebieten eher vom zweiten Typ betroffen. Charakteristisch für ihn ist nach TERR, dass die Minderjährigen vermeiden, über sich selbst zu sprechen und über das, was sie erlebt haben: Im Gegensatz zu normal aufgewachsenen Gleichaltrigen zeigen die mehrfach Traumatisierten ein fehlendes Einfühlungsvermögen (Empathie) und sind unfähig, eigene Gefühle zu formulieren oder anzuerkennen (vgl. ebd., S. 312f.). Das führt zwangsläufig zu Konflikten mit anderen Menschen, die sich in bestimmten Reaktionen äußern und den Beziehungsaufbau erschweren.

5.2   Traumatische Reaktionen

Wenn Menschen plötzlich einer gewaltsamen und bedrohlichen Situation ausgesetzt sind, kommt es zu einer „Überflutung mit aversiven Reizen" (HUBER 2007, S. 40). Der Körper ist nicht auf dieses Ereignis vorbereitet und überfordert, so dass er Stresshormone ausschüttet.

Sobald zu viele davon im Blut sind, reagiert der menschliche Organismus mit einem von zwei Reflexen, die als *„fight"* (Kampf) und *„flight"* (Flucht) bezeichnet werden (vgl. ebd., S. 41). Bei einem ‚fight' gelingt es dem Opfer, sich gegen seinen Aggressor zur Wehr zu setzen und Kräfte zu mobilisieren. Scheint dies jedoch aussichtslos, weil der Angreifer z.B. viel stärker ist, versucht die bedrohte Person zu fliehen (flight). In beiden Fällen kann der Reflex verhindern, dass sich ein Trauma entwickelt. „Wer so etwas schafft, wird das Ereignis möglicherweise als stark belastend, wahrscheinlich aber nicht als Trauma speichern" (ebd., S. 41). Erst wenn keine Option mehr besteht, zu reagieren, setzt die sog. „traumatische Reaktion" ein:

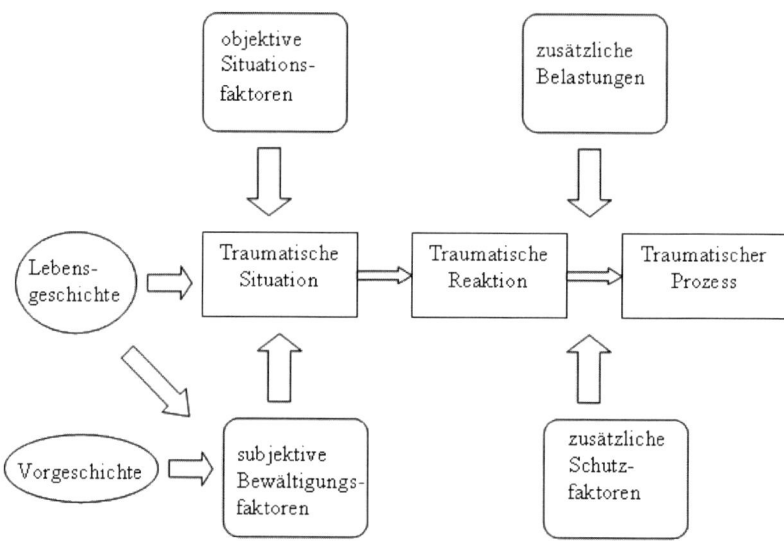

Abbildung 3:   Verlaufsmodell der psychischen Traumatisierung
(vgl. FISCHER/ RIEDESSER. 2003, S. 131).

Das Modell geht davon aus, dass sich jedes Trauma aus den drei Phasen „traumatische Situation", „traumatische Reaktion" und „traumatischer Prozess" zusammensetzt.

In der **ersten Phase** wird der Minderjährige mit einem oder mehreren traumatischen Erlebnissen konfrontiert. Subjektive und objektive Faktoren wirken darauf unterschiedlich ein. Auf der subjektiven Seite ist dies zum einen die individuelle Lebensgeschichte des betroffenen Kindes. Aufgrund seiner bisherigen Biographie schreibt es dem Ereignis eine Bedeutung zu: Hat es in seinem Leben schon einmal eine bedrohliche Situation erlebt? Konnte es dabei die Option des ‚fight' oder ‚flight' nutzen? Zum anderen beeinflusst auch die unmittelbare Vorgeschichte die individuellen Bewältigungsmöglichkeiten. Ist der Minderjährige z.b. durch eigenes Verschulden in die gefährliche Lage geraten oder wurde er von anderen dazu gebracht?

Individuelle Lebensgeschichte und Vorgeschichte bedingen außerdem die Vulnerabilität (Verletzlichkeit, Verwundbarkeit). Sie bezeichnet eine angeborene und/oder erworbene Krankheitsveranlagung (Disposition) (vgl. GAEBEL/ZIELASEK 2008, S. 41).

Relevante Risikofaktoren für eine erhöhte Vulnerabilität bei Flüchtlingskindern sind nach FISCHER/RIEDESSER (2003, S. 148):

- niedriger sozioökonomischer Status der
  Herkunftsfamilie
- große Familien und sehr wenig Wohnraum
- psychische Störungen der Mutter oder des Vaters
- Verlust der Mutter
- sexueller und/oder aggressiver Missbrauch
- schlechte Kontakte zu Gleichaltrigen

Den Zusammenhang zwischen Verletzlichkeit und Trauma verdeutlicht das „Vulnerabilitäts-Stress-Modell"[12]: Einige der geflüchteten Kinder und Jugendlichen besitzen bereits vor dem Trauma eine erhöhte Vulnerabilität. Werden sie Zeuge oder Opfer von extrem belastenden Ereignissen, wirken diese als Stressfaktoren; gleiches gilt für die Flucht als Stresssituation. Treffen nun erhöhte Disposition und Stress zusammen, ist die Schwelle zum Ausbruch der Posttraumatischen Belastungsstörung niedriger als bei anderen Kindern.

---

[12]   es wurde 1977 von ZUBIN/SPRING erarbeitet, um das Auftreten schizophrener Störungen zu erklären. Mittlerweile gilt es generell für psychische Störungen.

Reichen die individuellen Bewältigungsmöglichkeiten nicht aus, um auf das bedrohliche Erlebnis zu reagieren, setzen in der **zweiten Phase** „Freeze und Fragment" ein (HUBER 2007, S. 41). Einfrieren (engl. to freeze) meint, dass eine innere Starre eintritt, die jegliche normale Gefühlsreaktion (schreien, weinen, zusammenbrechen etc.) verhindert. Diese Lähmung bewirkt eine innere Distanzierung zum Geschehen, eine Art „Wegtreten" aus der Realität. Von den Betroffenen wird es als Gefühl beschrieben, „neben sich gestanden zu haben" (WEIß 2008, S. 224).

Kognitiv betrachtet, findet im Gegenteil zur sonstigen Assoziation eine „Dissoziation" statt. Das Bewusstsein ist nicht mehr in der Lage *„die Informationen von außen und von innen sinnvoll in Einklang zu bringen, [so dass] Gedanken und Gefühle getrennt werden"* (ebd., S. 224). Grundsätzlich ist dies keine ungewöhnliche oder negative Reaktion, denn sie schützt den Menschen vor Überlastung. Würden 100 % aller aufgenommenen Informationen assoziiert, führt das zu Stress. Das Gehirn unterscheidet dann nicht mehr zwischen wichtigen und unwichtigen Aspekten. Entsprechend verfügen alle Menschen über die Fähigkeit zu dissoziieren. Im Alltag äußert sich das z.B., wenn sich jemand beim Lesen so sehr in sein Buch vertieft, dass er jegliches Geschehen um sich herum nicht mehr wahrnimmt. In stressreichen Situationen wie Traumata, in denen für den Betroffenen praktisch kein Ausweg (fight oder flight) möglich ist, versucht das Gehirn zu dissoziieren. Je nachdem, wie gut dies gelingt, können sich die Kinderflüchtlinge aus der Situation „wegdissoziieren": Gegenwärtiges Geschehen scheint nicht real, Schläge oder Schmerzen werden nicht gespürt, eventuelle Schreie werden nicht als die eigenen wahrgenommen (vgl. HUBER 2007, S. 62).

Beim *Fragment* zersplittert das traumatische Erlebnis in viele kleine Einzelstückchen (Fragmente). Vergleichbar ist dieser Prozess mit einem Mosaikbild, das in tausend kleine Steinchen zerfällt. Jedes für sich genommen, ergibt kein Bild und verhindert so eine spätere zusammenhängende Erinnerung des Geschehens. Möglich ist diese Aufsplitterung nur, weil der menschliche Organismus u.a. zwei verschiedene Systeme zur Stressverarbeitung besitzt; das Amygdala- und das Hippocampus-System (vgl. ebd., S. 44 ff): Amygdala oder Mandelkern ist eine kleine Region im Gehirn, die für die Verarbeitung akuter Stresssituationen zuständig ist. Normalerweise durchlaufen alle aufgenommenen Reize einen bestimmten Weg im Gehirn, ehe sie im Gedächtnis abgespeichert werden. Bei stressreichen Reizen kommt es jedoch zu einer „Abkürzung" direkt an den Mandelkern, dessen Aufgabe die Alarmierung des gesamten Organismus ist. Eine

Verarbeitung und Archivierung der Reize entfällt, „weil die während hohem Stress vom Amygdala-System „herausgefischten" brisanten Erlebnisinhalte (zunächst) nicht integriert, nicht ins biographische Gedächtnis überführt werden. Stattdessen wird das aufgenommene Material und werden die unmittelbaren körperlichen und seelischen Reaktionen aufgesplittert" (ebd., S. 47). Dadurch fehlen jedoch die Zusammenhänge zwischen den Splittern, was ihre zeitliche Einordnung und Speicherung im Gedächtnis erschwert. Hierfür ist normalerweise das Hippocampus-System zuständig. Als explizites Gedächtnis speichert es alle Erlebnisse biographisch, episodisch und narrativ ab. Das heißt, sie sind eindeutig auf die Person bezogen, lassen sich in ihrer zeitlichen Abfolge rekonstruieren und man kann sie durch Erzählung wiedergeben. Traumatisierten Flüchtlingen – minderjährigen ebenso wie erwachsenen – fällt es daher schwer, sich detailliert an die Abläufe zu erinnern. Häufig haben sie keine zeitlichen oder episodisch strukturierten Erinnerungen an die Ereignisse. Für die Asylanhörung ist das problematisch, zumal sich das komplette Asylverfahren auf die Schilderung der Verfolgungserlebnisse stützt (siehe Kap. 3.2). Als Folge des Fragments kann es zu Widersprüchen kommen. Besonders bei Kindern und Jugendlichen besteht dieses Problem. HUBER (2007, S. 49f.) weist hier auf die unterschiedliche Entwicklung der Stresssysteme hin: „Entwicklungsgeschichtlich ist das Amygdala-System das stressverarbeitende System, das als Erstes arbeitet: Gleich von Geburt an steht es zur Verfügung, wenigstens in rudimentärer Form. Das Hippocampus-System dagegen wird erst im Alter zwischen zwei und drei Jahren funktionstüchtig […] und richtig gut arbeitet es erst ab zehn bis zwölf Jahren". Kinder, die zum Zeitpunkt der Flucht aus dem Kosovo noch nicht drei Jahre alt waren, können sich daher nicht biographisch an die stressreichen Erlebnisse erinnern. Selbst diejenigen, die bei Verlassen der Heimat jünger als 10 Jahre waren, weisen höchstwahrscheinlich auch lückenhafte Erinnerungen auf. Eine stressreiche Dauerbelastung trägt zu einer sequentiellen Traumatisierung von Kinderflüchtlingen bei (siehe Kap. 5.4). Ihr Amygdala-System muss über einen langen Zeitraum arbeiten, um die Erlebnisse zu zersplittern und später zu speichern. Auf Dauer muss dies zu einer psychischen Überlastung führen.

In der **dritten Phase** des Verlaufsmodells „versucht das Individuum ein subjektiv optimales Gleichgewicht zwischen prä- und posttraumatischen Persönlichkeitszuständen zu erreichen" (FISCHER et al. 2003, S. 634). Ob das gelingt, hängt mit von den individuellen Schutzfaktoren ab. Als Beispiele für traumatisierte Kinder und Jugendliche identifiziert WEIß unter anderem „Verfügbarkeit über einen tragenden Halt, sicheres Bindungsverhalten, soziale Förderung (Jugendgruppen, Schule, Kirche) und verlässlich unterstützende Bezugspersonen im Erwachsenenalter" (2008, S. 39). Diese protektiven Faktoren festigen die Widerstandskraft (Resilienz) des Einzelnen. Je geringer sie ausgeprägt ist, desto schwieriger wird es, eine Balance herzustellen. Oft ist dies nur „auf Kosten einer nachhaltigen Deformierung der Persönlichkeitsstruktur oder ihres Zusammenbruchs möglich" (FISCHER et. al. 2003, S. 634). Psychische Erkrankungen in Form von (dissoziativen) Persönlichkeitsstörungen können so entstehen: Ein Trauma gleicht einem Angriff auf die innersten Gefühle und die Identität. Das Selbstkonzept erfährt eine so tiefe Erschütterung, dass der Minderjährige nicht mehr der ist, der er vorher war. Nach FREY erstrecken sich die Auswirkungen auf das Selbstwertgefühl und des Minderjährigen, seine Interaktion mit anderen und die verinnerlichten Werte (vgl. 2001, S. 113). Kindheit und Jugend dienen jedoch zur Herausbildung einer (stabilen) Persönlichkeit. Junge Menschen müssen erst eine eigene Identität entwickeln und befinden sich damit in einem fortschreitenden Entwicklungsprozess. Durch traumatische Erfahrungen werden sie nachhaltig in der Identitätsfindung beeinträchtigt. In einigen Fällen kann sich als Reaktion auf das traumatische Ereignis eine psychische Störung herausbilden.

5.3 Posttraumatische Belastungsstörung bei Kindern und Jugendlichen

Als Beispiel für eine Folgeerscheinung dient hier die „Posttraumatische Belastungsstörung"[13] (PTBS, engl. PTSD). Seit 1980 ist sie offiziell als psychische Erkrankung anerkannt und in das „Diagnostic and Statistical Manual of Mental Disorders" (DSM) sowie 1989 in die „International Classification of Diseases" (ICD) aufgenommen worden (vgl. WEIß 2008, S. 67).

Das aktuelle DSM-IV ordnet die PTSD bei den Angststörungen ein (Achse I, 309.81); in der gegenwärtigen 10. Version der ICD gehört sie zu den Belastungs- und Anpassungsstörungen (F 43.1). Diese entsteht

---

[13]   Zur Kritik am PTSD-Konzept siehe BECKER, D. Prüfstempel PTSD – Einwände gegen das herrschende „Trauma"-Konzept. In: medico international (Hrsg.). (1997): Schnelle Eingreiftruppe „Seele", medico report Nr. 20. Frankfurt a.M.: Selbstverlag, 25-47.

„als eine verzögerte oder protrahierte Reaktion auf ein belastendes Ereignis oder eine Situation außergewöhnlicher Bedrohung oder katastrophenartigen Ausmaßes (kurz oder langanhaltend), die bei fast jedem eine tiefe Verzweifelung hervorrufen würde. Hierzu gehören eine durch Naturereignisse oder von Menschen verursachte Katastrophe, eine Kampfhandlung, ein schwerer Unfall oder Zeuge des gewaltsamen Todes anderer oder selbst Opfer von Folterung, Terrorismus, Vergewaltigung oder anderen Verbrechen zu sein" (ICD-10 2008, S. 183).

Bis auf die Naturkatastrophen treffen alle anderen Auslöser auf Kinder aus dem Kosovo oder anderen Kriegsregionen zu (siehe Kap. 5.1). Trotzdem beschränkten sich die meisten Forschungen zu den Auswirkungen von derartigen Extremsituationen lange Zeit auf Erwachsene; nur wenige Studien wurden zur Epidemiologie und Behandlung der Störung bei Kindern und Jugendlichen durchgeführt (vgl. STEIL/ STRAUBE 2002, S. 1). Bis zur Übernahme der PTSD in die aktuellen Einteilungssysteme DSM-IV und ICD-10 herrschte Uneinigkeit, ob die Störung auch auf Minderjährige anzuwenden ist: Besonders für jüngere Kinder unter vier Jahren wird kritisiert, dass die Diagnosekriterien nicht die komplexen Reaktionen von Kindern und Jugendlichen widerspiegeln (vgl. ebd., S. 3). Sprachliche und geistige Möglichkeiten der jüngeren Kinder reichen evtl. nicht aus, um adäquat Auskunft über die Belastungssituation zu vermitteln.

Verbreitung (Epidemiologie)

In den Fällen, wo Erhebungen mit unter 18-Jährigen stattfanden, handelte es sich einerseits selten um ausländische Kinder und Jugendliche, andererseits bezogen sich die erlebten Traumatisierungen nicht explizit auf Kriegssituationen, was SMITH et al. (2002, S. 147) bemängeln: „Although children have been caught up in wars in one way or another for centuries, the study of the psychological effects of war on children is a relatively recent phenomenon". Bezüglich traumatischer Erlebnisse in Kriegsregionen liegen deshalb nur wenige Studien zur PTSD vor, die untereinander sehr stark in Stichprobengröße, Erhebungszeitraum und Erhebungsart voneinander abweichen[14]:In den unterschiedlichen methodischen Ansätzen liegt auch die Ursache für die Schwankungen in den Prävalenzangaben von 27 %-79 %, die keine repräsentativen Aussagen zulassen. Es ist aber aus Sicht von SMITH et al. anzunehmen, dass das Auftrittsrisiko bei

---

[14] Übersichten und Verweise zu den einzelnen Studien finden sich bei
HEEMANN et al. 1998 sowie SMITH et al. 2002.

Kinderflüchtlingen wesentlich höher liegt als bei traumatisierten Altersgenossen aus Friedensgebieten, denn „in contrast to peacetime disasters, stressors during war are generally multiple, diverse, chronic and repeated" (2002, S. 148). Sequentielle und kumulative Traumatisierung sind die Folgen.

Gleiches gilt für die Wahrscheinlichkeit, im Laufe des Lebens an einer Posttraumatischen Belastungsstörung zu erkranken. Die Lebenszeitprävalenz schwankt für *deutsche* Minderjährige zwischen 9 % und 34 %, je nach betrachteter Altersgruppe. HERPERTZ-DAHLMANN sieht für 14-18-Jährige ein etwa fünf- bis zehnprozentiges Risiko (vgl. 2008, S. 972), RESCH/BRUNNER geben für Kinder im Alter von 9-12 Jahren rund 9,2 % an (vgl. 2004, S. 519). Beide Autoren verweisen darüber hinaus auf Risikogruppen „wie z.B. Jugendliche, die in sozialen Brennpunkten leben und alltäglich massive Gewalterfahrungen machen bzw. von Gewalt bedroht sind oder Zeuge von Gewaltanwendung werden", deren Raten zwischen 24 % bis 34 % liegen (ebd., S. 519). *Ausländische* Minderjährige sind vor, während und nach ihrer Flucht ähnlichen oder noch drastischeren Erlebnissen ausgesetzt, so dass auch für sie eine hohe Lebenszeitprävalenz gelten müsste. Zusätzlich scheinen geschlechtsspezifische Differenzen vorzuliegen, wonach Mädchen häufiger als Jungen an PTSD erkranken. Welche Gründe dies hat, ist nicht eindeutig feststellbar; HERPERTZ-DAHLMANN vermutet, es hinge mit der höheren Wahrscheinlichkeit zusammen, Opfer eines sexuellen Missbrauchs zu werden (2008, S. 971).

Symptome

Charakteristisch für die Posttraumatische Belastungsstörung ist ein komplexes Störungsbild, das sich aus den drei Grundsymptomen Wiedererleben, Vermeidungsverhalten und Übererregung zusammensetzt (vgl. SCHEPKER 1997, S. 47). Im DSM-IV und in der ICD-10 findet die Symptomtrias unterschiedliche Berücksichtigung[15]. Obwohl das DSM-IV zusätzlich kinderspezifische Symptome benennt, orientieren sich europäische Staaten wie Deutschland an den Diagnosekriterien der ICD-10. Ihnen schließt sich die vorliegende Diplomarbeit an.

---

[15]   eine Gegenüberstellung der beiden Diagnosesysteme findet sich bei HERPERTZ-DAHLMANN 2008.

Tabelle 4: **PTSD-Diagnosekriterien laut ICD-10**

A. Erleben eines kurz- oder langanhaltenden Ereignisses von außergewöhnlicher Bedrohung oder katastrophenartigen Ausmaßes, das bei fast jedem eine tiefgreifende Verzweiflung auslösen würde.
B. Wiederholtes Erleben oder Erinnern der Belastung in sich aufdrängenden Erinnerungen (Nachhallerinnerungen, flashbacks), in Träumen, vor dem Hintergrund eines andauernden Gefühls von Betäubtsein und emotionaler Stumpfheit oder Gleichgültigkeit gegenüber anderen Menschen.
C. Vermeidung von Aktivitäten und Situationen, die Erinnerungen an das Trauma wachrufen. Furcht vor und Vermeidung von Stichworten, die an das ursprüngliche Trauma erinnern könnten. Dieses Verhalten bestand nicht vor dem belastenden Erlebnis.
D. Entweder 1. oder 2.
1. Teilweise oder vollständige Unfähigkeit, einige wichtige Aspekte der Belastung zu erinnern.
2. Anhaltende Symptome einer erhöhten vegetativen Übererregtheit (nicht vorhanden vor der Belastung) mit zwei der folgenden Merkmale:
a. Schlafstörungen
B. Reizbarkeit oder Wutausbrüche
c. Konzentrationsschwierigkeiten
d. Hypervigilanz
e. übermäßige Schreckhaftigkeit.
E. Die Störung folgt dem Trauma mit einer Latenz, die Wochen bis Monate dauern kann. In der Regel treten die Kriterien B, C und D innerhalb von 6 Monaten nach dem Belastungsereignis oder nach Ende einer Belastungsperiode auf.

(vgl. ICD-10 2008, S. 183 f.)

Analog zur eingangs genannten Definition der PTSD unterstreicht Kriterium A noch einmal, dass das belastende Ereignis *„bei nahezu jedem"* eine starke Verzweifelung hervorrufen würde. Es handelt sich also um eine situationsangemessene und verständliche Reaktion bei den geflüchteten Kindern und Jugendlichen.

Wiederkehrende Erinnerungen äußern sich in sog. „Intrusionen", einzeln wiedererlebten Episoden des Traumas. Der betroffene Minderjährige kann sich ihnen nicht entziehen, sie drängen sich in Form von Bildern, Gedanken oder Wahrnehmungen in das Bewusstsein (Kriterium B). Das geschieht nicht unbedingt in außergewöhnlichen Situationen, sondern kann durch irgendeinen Schlüsselreiz (Trigger)

im Alltag ausgelöst werden (vgl. WEIß 2008, S. 230). Dieser hat für
nicht traumatisierte Gleichaltrige keine Bedeutung, ist aber bei den
Flüchtlingskindern mit einer negativen Assoziation besetzt. Gerüche
eines Lagerfeuers werden so mit dem brennenden Elternhaus in Verbindung gebracht oder ein herunterfallendes Metallstück erinnert an
den Klang von Schlägen. Je nach Alter der Minderjährigen kann es
auch zu sog. „Flashbacks" kommen, d.h. zu plötzlich auftretenden
Nachhallerinnerungen. Bei kleineren Kindern äußert sich das Wiedererleben meist auf der Handlungsebene, indem sie wiederholt die
traumatische Situation oder einzelne Aspekte davon nachspielen
(vgl. TERR 1995, S. 305). Dieses sog. „traumatische Spiel" hilft, die als
passiv erlebte Belastungssituation zu reinszenieren und nun eine aktive Rolle einzunehmen. Extreme Tagträume, nächtliche Alpträume
mit Ein- und Durchschlafstörungen begleiten die Symptomatik (Kriterium D). In den Träumen müssen nicht explizit Inhalte des Traumas vorkommen, es können auch unspezifische Ängste vor bösen
Figuren (z.B. Monstern, Fabelwesen) sein.

Das Vermeidungsverhalten (Konstriktion) zeigt sich, wenn das Kind
oder der Jugendliche versucht, Reize zu vermeiden, die in Verbindung mit dem Trauma stehen (Kriterium C). Wichtig ist, dass dies
vor dem Erlebnis nicht so war. Ein kosovo-albanischer Junge, der
hilflos mit ansehen musste, wie sein Vater nach einem Fußballspiel
schwer misshandelt wurde, vermeidet z.B. selbst zu spielen oder auf
einen Fußballplatz zu gehen - obwohl er bis zu dem Ereignis vom
Fußball begeistert war. Einige Betroffene umgehen jegliche Gespräche, Gedanken oder Gefühle, die mit dem Trauma in Zusammenhang stehen. Stattdessen ziehen sie sich wie eine Schnecke in ihr
Haus zurück, reduzieren unter Umständen ihre bisherigen Aktivitäten und wirken nach außen hin unerreichbar. SCHEPKER sieht bei
Kindern außerdem besondere Dissoziationsformen, darunter Trance
und Phantasiegefährten (vgl. 1997, S. 47). Beide können auch bei ge-
sunden Kindern vorkommen, d.h. für eine eindeutige Diagnose der
PTBS ist es umso wichtiger, dass noch weitere Symptome in Form
von Übererregung bestehen.

Im Gegensatz zum Verhalten vor dem traumatischen Erlebnis zeigen übererregte Kinderflüchtlinge eine größere psychische Sensitivität. Als Folge treten erhöhte Reizbarkeit und Wutausbrüche, Konzentrationsschwierigkeiten, übermäßige Wachheit (Hypervigilanz) oder Schreckhaftigkeit auf (Kriterium D2). Diese Anzeichen betreffen alle Lebensbereiche des Minderjährigen, seien es Auffälligkeiten im Unterricht, Gewalt unter Geschwistern oder Konflikte während Freizeitmaßnahmen. Zur Diagnosestellung und anschließenden Intervention sind deshalb eine ganzheitliche Sichtweise und ein multiprofessionelles Team notwendig. Mögliche Ansatzpunkte für Sozialpädagogen sind traumasensible und ressourcenorientierte Konzepte, mit denen sich Kapitel 6 beschäftigt.

Verlauf

Über den Verlauf einer Posttraumatischen Belastungsstörung bei Kindern und Jugendlichen existieren nur wenige Studien. Die bereits im Zusammenhang mit Kapitel 5.1 beschriebenen Faktoren für eine hohe Virulenz können hier ebenfalls gelten. So verweisen HERPERTZ-DAHLMANN (vgl. 2008, S. 981) und SCHEPKER (vgl. 1997, S. 48) auf die Vulnerabilität des Minderjährigen, die Art des Traumas, den individuellen Grad der Betroffenheit sowie primäre Traumareaktion und Schwere der Symptomatik als wesentliche Einflüsse auf den Verlauf. Zwar kann laut ICD-10 (2008, S. 183) in der Mehrzahl der Fälle „eine Heilung erwartet werden." Dennoch besteht bei geflüchteten Minderjährigen die Gefahr, dass ein negativer Verlauf durch andere posttraumatische Stressoren begünstigt wird. Gemeint ist z.B. ein unsicherer Aufenthaltsstatus, verbunden mit der permanenten Angst vor einer Abschiebung in die Heimat.

Außerdem ist anzunehmen, dass bei stark traumatisierten Kindern und Jugendlichen die Symptomatik über Jahre hinweg bestehen bleibt. Eine solche Chronifizierung geht dann z.B. in eine dissoziative Störung (F 44) oder eine andauernde Persönlichkeitsänderung nach Extrembelastung (F 62.0) über (vgl. ebd., S. 184). Um dem vorzubeugen, ist die posttraumatische Zeit nach der Ankunft in Deutschland besonders wichtig (siehe Kapitel 5.4).

Komorbidität

Die Gefahr, neben der PTSD andere psychische Auffälligkeiten oder Krankheiten zu entwickeln (Komorbidität), ist bei kriegstraumatisierten Kindern durchaus gegeben. So beinhaltet jede Altersstufe be-

stimmte Entwicklungleistungen. RIEDESSER ET AL. sehen sie „als
Anpassungsaufgaben in einer bestimmten Lebensperiode", die jedes
Kind zu erbringen hat, um sich weiterzuentwickeln (2008, S. 281).
Traumatische Situationen können deren Erfüllung verzögern oder
zum Verlust von erworbenen Fertigkeiten führen. Manchmal kommt
es auch zu regressivem Verhalten, das heißt, die Kinder und Jugendlichen greifen auf frühere, abgelegte Verhaltensweisen zurück. Zum
Beispiel kann ein Schulkind wieder anfangen, am Daumen zu lut-
schen oder einzunässen. Einerseits versucht das Kind, an sichere und
vor allem prä-traumatische Erfahrungen anzuknüpfen; andererseits
dient Regression dazu, die eigene Schutzbedürftigkeit als Appell an
die primären Bezugspersonen zu vermitteln: Seht her, ich bin so klein
und brauche eure Hilfe. Kümmert euch um mich!

Abhängig von der Altersstufe beschreiben die Autoren verschiedene
Ursachen der psychischen Auffälligkeiten (vgl. ebd. S. 282): Ein häufiger Wechsel von Bezugspersonen während der Flucht oder die fehlende emotionale Erreichbarkeit der Mutter beeinträchtigen vor allem Säuglinge und Kleinkinder. Ältere Kinder verlieren zum einen
den Glauben an die omnipotente Stellung ihrer Eltern, da auch sie
hilflos gegenüber Kriegsgeschehnissen sind und ihre Kinder nicht
schützen können. Zum anderen erleben die Kinder, wie ihre eigene
körperliche Unversehrtheit verletzt wird. Schulkinder werden teilweise wie Erwachsene gefordert, vor und während der Flucht zum
Überleben der Familie beizutragen. Ihnen kommt damit sehr früh ein
hohes Maß an Verantwortung zu, das mit den eigenen kindlichen
Bedürfnissen im Widerspruch steht. Jungen aus patriarchalen Gesellschaften wie dem Kosovo nehmen hier nicht selten die Rolle des abwesenden Vaters ein. Als Ernährer und Beschützer erfahren sie eine
Aufwertung in der Familienhierarchie, verbunden mit einem Macht-
zuwachs. Bedingt durch diese frühere Verantwortung in Kriegszeiten
verkürzt sich nicht nur die Kindheit, sondern im Anschluss ebenso
die Adoleszenz. Jugendliche Flüchtlinge müssen wesentlich schneller
erwachsen werden, als Gleichaltrige in friedlichen Ländern. Für die
Auseinandersetzung mit sich selbst haben sie – zusätzlich zur Verarbeitung der traumatischen Erlebnisse – weniger Zeit.

Als häufigste komorbide Störungen gelten Depression, Angststörungen und Substanzmittelmissbrauch (vgl. STEIL/STRAUBE 2002, S. 5).
Jüngere Kinder bis etwa 12 Jahren zeigen eher depressive und Angst-
erkrankungen, verbunden mit einer Aufmerksamkeitsproblematik;
ältere Jugendliche ab 13 Jahren neigen zu Störungen des Sozialver-
haltens oder Drogenmissbrauch (vgl. HERPERTZ-DAHLMANN
2008, S. 974). Kinderspezifische Merkmale einer Depression sind

dann Gefühle „von tiefer Verzweiflung und Hoffnungslosigkeit, Antriebsarmut, Verlust von Selbstvertrauen und Selbstwertgefühl" (MICHELS-VERMEULEN 2005, S. 158). Jene negative Grundstimmung ist besonders für junge Flüchtlinge problematisch, da sie ihre soziale Rehabilitation und Eingewöhnung in die fremde deutsche Umgebung belastet. Freundschaften zu knüpfen, sich für Aktivitäten zu motivieren und fröhliche, unbeschwerte Momente zu erleben, wird sehr schwierig.

Kritisch ist ebenfalls die Entwicklung von einer „survivor-guilt" (Überlebensschuld), wie sie schon nach dem Zweiten Weltkrieg bei jüdischen KZ-Häftlingen vorkam. Diejenigen, die das Kriegsgrauen überlebt haben, fühlen sich nach BETTELHEIM (1980, S. 35) gegenüber den Gestorbenen schuldig, denn

„wenn man jahrelang in der unmittelbaren, ständigen Gefahr steht, getötet zu werden, und zwar aus keinem anderen Grund, als daß man einer zur Ausrottung verurteilten Volksgruppe angehört, und wenn man weiß, daß die nächsten Freunde und Verwandten tatsächlich ums Leben gebracht werden- so genügt dies, daß man sich im fernen Leben unablässig mit dem unlösbaren Rätsel „Warum bin ich davongekommen?" und ebenso mit völlig irrationalen Schuldgefühlen, weil man davongekommen ist, auseinandersetzt."

Gleiches lässt sich auf Flüchtlingskinder aus dem Kosovo oder anderen Kriegsgebieten, in denen ‚ethnische Säuberungen' stattfanden, übertragen. Derartige Schuldgefühle können negative Auswirkungen auf die Entwicklung des Selbstkonzeptes und damit auf die Persönlichkeitsentwicklung haben. Vor allem in der Adoleszenz setzen sich Jugendliche mit Fragen nach ihrer Identität auseinander. Ein traumatisierter minderjähriger Flüchtling stellt sich dann evtl. in Frage, zweifelt an seinem eigenen Wert und beginnt, die beschriebenen depressiven Symptome zu entwickeln.

Komplexe somatische Beschwerden, schlechte schulische Leistungen und Suizidgedanken gehören ebenfalls zu den Nebeneffekten der Posttraumatischen Belastungsstörung (vgl. STEIL/STRAUBE 2002, S. 5; MICHELS-VERMEULEN 2005, S. 158). Charakteristisch für die somatischen Schmerzen ist, dass keine eindeutige Ursache wie bei einer Viruserkrankung vorliegt. Vielfach erfolgt eine reine Schmerzmedikation, obwohl die Symptome auf psychische/traumatische Auslöser zurückgehen. Behandelnde Ärzte sind selten mit der Lebenssituation von minderjährigen Flüchtlingen vertraut und nicht auf traumatisierte Patienten vorbereitet. Außerdem gelten im Rahmen des § 4 AsylbLG nur akute Schmerzen als behandlungsbedürftig (siehe Kap. 3.4). Ergänzende Maßnahmen wie Psycho- oder Ergotherapie müssen bei minderjährigen begleiteten Asylbewerbern als zusätzliche „unerlässliche" Leistungen „zur Deckung besonderer Bedürfnisse" (§ 6 AsylbLG) geltend gemacht werden. Häufig ist deshalb die Anführung eines medizinischen Gutachtens oder einer ärztlichen Stellungnahme notwendig. Bis zur endgültigen Bewilligung vergeht für die betroffenen Kinder und Jugendlichen oft wertvolle Zeit, denn vor allem die Phase nach Ende der Flucht ist ausschlaggebend für ihre weitere Entwicklung.

5.4   Die Bedeutung der dritten traumatischen Sequenz und ihre Bewältigung

Traumatische Reaktionen und ihre Bewältigungsmöglichkeiten offenbaren sich bei den Flüchtlingskindern häufig erst nach ihrer Ankunft im sicheren Aufnahmeland. KEILSON (2005, S. 426) belegte dies bereits 1979 im Rahmen einer 25-jährigen Follow-up-Studie anhand jüdischer Kriegswaisen in den Niederlanden. Seine Untersuchung kam zu dem

Ergebnis, dass „die extreme Belastungssituation [...] aus einer steten Folge massiver, einander verstärkender traumatischer Situationen [besteht], die auch nach dem Kriege, also nach Beendigung der Verfolgung selbst, weiterging". Diese *sequentiellen Traumatisierungen* werden durch wiederholte, über einen langen Zeitraum verteilt auftretende Ereignisse ausgelöst, wie es bei den Minderjährigen während des Kosovokrieges geschah.

In seiner Untersuchung unterteilte KEILSON (2005, S. 56ff.) die Fluchtgeschichte der jüdischen Kriegswaisen in drei traumatische Sequenzen: Erstens den Überfall und die Besetzung der Niederlande, zweitens die Zeit der Deportation ins Konzentrationslager bzw. der Aufenthalt im Versteck und drittens die Nachkriegszeit mit der Vormundschaft.

Trotz günstiger Verläufe in den ersten beiden Phasen litt eine große Anzahl der erwachsen gewordenen Kinder an psychischen Störungen. Dies führte KEILSON (ebd., S. 74) auf ungünstige Bedingungen in der dritten Sequenz zurück:

„Zwar wird die Kontinuität der gesamten extremen Belastungsreaktion gewahrt; andererseits aber erhält man den Eindruck, daß der Belastungsfaktor in seinem Kulminationspunkt erst in dieser letzten Sequenz sichtbar wird."

Interessant ist, dass dies auch für andere Kriegsflüchtlinge gilt. Beim Vergleich der jüdischen und kosovarischen Minderjährigen zeigt sich, dass viele Gemeinsamkeiten zwischen ihnen bestehen. Zum einen gehören beide Gruppen zu ethnischen Minderheiten, die durch staatliche „Säuberungen" ausgelöscht werden sollten. Zum anderen decken sich die Erfahrungen trotz der unterschiedlichen Kriegsumstände und -ursachen in den meisten Punkten (siehe Tab. 5). Selbst die drei traumatischen Abschnitte gelten für die kosovarischen Kinder und Jugendlichen; sie finden sich in den drei Fluchtphasen (Vorflucht, Flucht, Nachflucht) wieder, wie sie in Kapitel 2.3 dargestellt wurden. Auf dem Zeitraum nach der Ankunft in Deutschland - als dritter traumatischer Sequenz - liegt deshalb ein besonderes Gewicht.

Tabelle 5:   Traumatische Sequenzen bei jüdischen und kosovarischen Kriegsflüchtlingen

	jüdische Kriegsflüchtlinge	kosovarische Kriegs- flüchtlinge
1. Trauma- tische Sequenz	- Angst, bröckelnder Rechtsschutz - stärker werdende Verfolgung - Angriff auf d. Integrität der Familie - plötzliches Verschwinden von Personen - Verlust/Trennung von der Familie	- direkte Lebensbedro- hung - Ausgeliefertsein
2. Trauma- tische Sequenz	- direkte Lebensbedrohung - Ausgeliefertsein - stressreiche Dauerbelas- tung - generelle Bedrohung durch menschl. Grausam- keit - Abbruch von Spiel-, Lern- und Bildungsmöglichkei- ten	- stressreiche Dauerbe- lastung - generelle Bedrohung durch menschliche Grausamkeit - Abbruch von Spiel-, Lern- und Bildungs- möglichkeiten - Verlust/Trennung von der Familie
3. Trauma- tische Sequenz	- rechtlich und bürokratisch gesicherte Verhältnisse - Regelung der Familiensituation - Konfrontation mit dem Trauma	

(in Anlehnung an KEILSON 2005, S. 56 ff.)

Unterschiede zwischen beiden Gruppen bestehen darin, dass für jüdische Flüchtlingskinder die Trennung von der Familie bereits in der
ersten Sequenz erfolgte. Sie waren fortan auf sich allein gestellt oder
auf helfende Erwachsene angewiesen. Sofern die kosovarischen
Flüchtlinge ihre Familie nicht durch eine der genannten außerfamili-
ären Katastrophen verloren hatten (siehe Tab. 3), kam es meist erst
während der Flucht zu einer Trennung. Die Übergänge zwischen erster und zweiter Sequenz scheinen außerdem bei den Minderjährigen
aus dem Kosovo fließender zu sein. Eine Entscheidung für die Flucht
geschieht häufig aus der akuten Lebensbedrohung heraus oder durch
die nicht mehr auszuhaltenden Zustände im Heimatland (siehe Kap.
2.3). Wie lange die Kinder und Jugendlichen die dortige stressreiche
Dauerbelastung erleben mussten, variiert aufgrund der unterschiedlichen Fluchtzeitpunkte. Einige von ihnen reisten bereits 1998 aus,
andere blieben bis zur Bombardierung 1999 im Kosovo oder flüchte-

ten – wie bei der serbischen Bevölkerung – im Anschluss. In jedem
Fall ist davon auszugehen, dass sich die erlebten Ereignisse zeitlich
summieren, gegenseitig verstärken und ihre Folgen nach der Einreise
sichtbar werden.

Mit der Ankunft in Deutschland erreichen die Minderjährigen ein
rechtlich gesichertes Land, in dem seit langer Zeit Frieden[16] herrscht.
Ihr Leben ist nicht länger in Gefahr, es herrschen geregelte, bürokra-
tische Verhältnisse. Unbegleitete Flüchtlinge werden in Obhut genommen, begleitete zusammen mit ihren Familien untergebracht. Bei
vielen setzt die „Realisierung" der bisher aufgestauten Erlebnisse
und Empfindungen ein; verdrängte Erinnerungen sowie Symptome
der PTSD treten auf. Weitere belastende Faktoren sind:

- eine unsicherer Aufenthaltsstatus (Duldung)
- eine unbefriedigende Wohnsituation
- eine Umverteilung bei UMF in Gemeinschaftsunterkünfte
- fehlende Vormundschaft bei UMF ab 16 Jahren
- fehlende (Aus-)Bildungsmöglichkeiten

Alle genannten Faktoren „erlauben es dem Asylsuchenden oder sogar auch dem anerkannten Flüchtling nicht, sich im neuen Leben sicher zu fühlen und wieder ein den Umständen entsprechendes normales Leben zu führen" (PERREN-KLINGLER 2001, S. 130). Minderjährige Flüchtlinge mit Duldungsstatus müssen jederzeit mit einer
Abschiebung in die Heimat rechnen. Jugendliche, die als Kinder nach
Deutschland kamen und einen wesentlichen Teil ihres Lebens hier
verbracht haben, stehen plötzlich vor der Ausweisung.

Bezogen auf das Kosovo, dessen Unabhängigkeit von Deutschland
anerkannt wurde, ist die Rückkehr unklar. Die Angst bei den Minderjährigen steigt, wieder in ein Land zu müssen, an das schlechte
und lückenhafte Erinnerungen bestehen. SCHLÜTER-MÜLLER
(2009) berichtet von einem jungen Kosovaren, dem die Abschiebung
droht. Bei seiner gerichtlichen Befragung sei er „so voller Angst und
Panik gewesen […], dass er plötzlich mit dem Richter nicht mehr
Deutsch sprechen konnte und solche Zustände vorher noch nie ge-
habt habe […] alles würde aber zusammen brechen, wenn er und
seine Familie abgeschoben würde und er würde sich lieber das Leben
nehmen, als dies auszuhalten". Hieran wird die psychische Belas-

---

[16]   im Sinne eines positiven Friedensbegriffs ist damit nicht nur die Abwe-
senheit von Krieg und Gewalt gemeint, sondern auch das Fehlen von
struktureller, indirekter Gewalt.

tung sehr gut deutlich. Sie kann zu einer Retraumatisierung führen, wobei bisher verdrängte Erinnerungen wieder auftauchen und die fast bewältigten PTSD-Symptome reaktiviert werden.

Dies zu verhindern und die Traumabewältigung der jungen Flüchtlinge zu erleichtern, sind Aufgaben der Sozialen Arbeit. Wegen dieser vielfältigen Belastungsfaktoren kommt der Bewältigung der traumatischen Reaktion eine enorme Bedeutung zu. Schweregrad und Dauer der Symptomatik hängen hierbei mit von den Bewältigungsstrategien der Flüchtlingskinder ab. Diese werden auch Coping-Strategien (engl. to cope with = bewältigen, meistern) genannt und umfassen „alle kognitiven und aktionalen Versuche sich mit externen und/oder internen Anforderungen, welche die alltägliche Anpassungskompetenz einer Person übersteigen, auseinanderzusetzen mit dem Ziel, sie zu meistern, zu tolerieren, zu mildern oder zu vermeiden" (MÖLLER-LEIMKÜHLER 2008, S. 285). Wie dies umgesetzt wird, ist in erster Linie von der betroffenen Person selbst abhängig. Die Fähigkeit zum Coping besitzen bereits Säuglinge, wenn auch in anderer Form als ältere Kinder. Alter und Entwicklungsstand beeinflussen daher die persönlichen Bewältigungsmöglichkeiten. Kleine Kinder sind noch nicht in der Lage, komplexe Zusammenhänge zu erkennen, da sie nicht die notwendigen kognitiven Strukturen besitzen. So betonen RIEDESSER et al.: „Was für ein Kleinkind traumatisierend sein kann, z.B. eine abrupte, längerfristige Trennung von zentralen Bezugspersonen, ist für einen Adoleszenten zu bewältigen; was einen Jugendlichen schwer erschüttern kann, z.B. Zeuge eines Massakers zu werden, ist für einen Säugling nicht belastend, sondern fällt, weil er das Geschehen noch nicht kognitiv erfassen kann, ins „affektive Nichts" (2008, S. 280). Die geistigen Strukturen entwickeln sich nach Piaget erst stufenweise durch bestimmte Aneignungs- und Anpassungsprozesse.[17] Unbewusst bildet sich bei vielen der Flüchtlingskinder deshalb ein sog. „traumakompensatorisches Schema" (ebd., S. 283) zur Bewältigung. Es enthält drei Komponenten:

Zunächst stehen Fragen nach der Entstehung der Katastrophe (Ätiologie) im Mittelpunkt. Anschließend geht es um die Wiedergutmachung, d.h. das Erlebte ungeschehen zu machen (Restauration). Im dritten Schritt beschäftigen sich die Betroffenen mit der Frage, wie derartige Ereignisse in Zukunft vermieden werden können (Präven-

---

[17]   siehe z.B. Piaget, J. (2003). Meine Theorie der Geistigen Entwicklung. Beltz. Weinheim, sowie Siegler, R. (2001). Das Denken von Kindern. Oldenbourg Verlag. München, Wien.

tion). Mit zunehmendem Alter und steigenden kognitiven Leistungen kann die Aufrechterhaltung eines früheren Schemas schwieriger werden. Zufälle oder magische Begründungen reichen dann nicht mehr aus, d.h. es muss eine neue Erklärung gefunden werden.

FISCHER/RIEDESSER heben u.a. instrumentelles und emotionales Coping als zwei bedeutsame Formen hervor (vgl. 2003, S. 150f.). Instrumentelles Coping zielt unmittelbar auf die Problemlösung: Was kann der traumatisierte junge Mensch selbst tun, um Stress auslösende Faktoren zu verringern oder wenigstens zu kontrollieren? Bei der emotionsfokussierten Bewältigung stehen die Gefühle im Vordergrund. Der Flüchtling versucht, wiedererlebte Bilder oder Flashbacks zu bearbeiten, indem er expressiv Emotionen äußert. Das kann sich auch negativ in Aggressionen oder destruktiven Wutausbrüchen ‚entladen', die in der jeweiligen Situation unangebracht scheinen. Anstatt unangemessene oder störende Verhaltensweisen bei Kinderflüchtlingen zu kritisieren, sind sie vielmehr als „sinnvoller Selbsthilfeversuch" zu verstehen, „mit einer Erfahrung zu leben, mit der sich nicht leben lässt" (ebd., S. 376). Den Betroffenen dienen sie der Herstellung eines individuell optimalen Zustandes und der Übermittelung ihres seelischen Befindens.

In zweiter Linie spielt ebenfalls die Umwelt eine Rolle für die angewandten Coping-Strate- gien. Jede Situation erfordert ihre eigene Bewältigung, d.h. letztere muss jeweils angepasst und evtl. abgewandelt werden. Bei der Berücksichtigung der Umwelt (Familie, Freunde, Dorfgemeinschaft) geht es vor allem um die kollektive Unterstützung des traumatisierten Minderjährigen. In Gesellschaften wie dem Kosovo, die eher auf die Gemeinschaft als auf das Individuum ausgerichtet sind, ist dies ein wichtiger Aspekt. Bei den begleiteten Flüchtlingen sind die Familienangehörigen mit in die Bewältigung einzubeziehen (siehe Kap. 6). Das ist allerdings nicht einfach, denn in den meisten Herkunftsländern erfolgt keine gemeinschaftliche Auseinandersetzung mit den Kriegsgräueln – weder vor Ort, noch in den Familien im Exil in der BRD. Erklären lässt sich dies am Beispiel des Kosovo: Sexualität ist ein gesellschaftliches Tabuthema. Vor, während oder nach dem Krieg 1999 vergewaltigte Mädchen haben wenig Möglichkeiten, offen über das Erlebte zu sprechen. Gleiches gilt oft innerhalb der Verwandtschaft. So schreibt SCHLÜTER-MÜLLER (2009), dass „Frauen von ihren Männern und Mädchen von ihrer Familie verstoßen werden, wenn sie [...] vergewaltigt worden sind".

Obwohl sie eigentlich die Opfer sind, stehen sie den kulturellen Traditionen häufig machtlos gegenüber und geben sich selbst die Schuld am Geschehenen. Vielfach haben die betroffenen Kinder und Jugendlichen „panische Angst darüber zu sprechen, was ihnen passiert ist aus Angst davor, auch noch die Familie zu verlieren" (ebd., 2009). Durch Krieg und Flucht haben die Minderjährigen fast alles in ihrer Heimat Kosovo zurück lassen müssen, was ihnen etwas bedeutete. Die Familie stellt den letzten Halt und die einzige Verbindung in das Herkunftsland dar. Eine mögliche Hilfe für die Minderjährigen können psychotherapeutische Sitzungen sein. Andere Maßnahmen wie z.B. Körperwahrnehmungen und der Austausch mit gleichaltrigen Betroffenen lassen sich im Rahmen der sozialpädagogischen Arbeit einbeziehen. Weitere Unterstützungsmöglichkeiten und der Umgang mit den psychisch traumatisierten Kinderflüchtlingen werden im anschließenden Kapitel 6 vorgestellt.

6   Soziale Arbeit mit traumatisierten Kinderflüchtlingen aus Kriegsgebieten

In den ersten fünf Kapiteln dieser Arbeit sind die Besonderheiten der Zielgruppe deutlich geworden: Minderjährige Flüchtlinge haben eine andere Ausgangslage als Erwachsene, zudem bestehen deutliche Unterschiede in der Lebenssituation von begleiteten und unbegleiteten Flüchtlingskindern. Aufgrund ihrer Herkunft aus Kriegsgebieten wie dem Kosovo haben die meisten von ihnen erhebliche zwischenmenschliche Gewalt erlebt. Dies geschah sowohl am eigenen Leib, als auch durch Beobachtung oder gar selbst verübte Angriffe. Als Folge davon zeigen viele der Minderjährigen psychische Auffälligkeiten, jedoch in unterschiedlicher Ausprägung. Je nach individuellen Bewältigungsmöglichkeiten und Schutzfaktoren können die Kinder und Jugendlichen ihre belastenden Erfahrungen kompensieren. Bei einigen klingen die Belastungssymptome nach kurzer Zeit wieder ab, bei anderen brechen sie erst nach einer gewissen Latenzzeit aus und bleiben über einen längeren Zeitraum bestehen. Im Extremfall stellt sich dann eine Posttraumatische Belastungsstörung ein.

Da gerade die dritte Fluchtphase von besonderer Bedeutung für die weitere Entwicklung der Minderjährigen ist, kommt der Sozialen Arbeit hier eine wichtige Funktion zu. Sie soll die Lebenssituation der geflüchteten Kinder und Jugendlichen stabilisieren. In den folgenden Kapiteln geht es deshalb um die Aufgaben und Grenzen der Sozialen Arbeit mit den traumatisierten Kindern aus Kriegsgebieten. Neben der sozialpädagogischen Haltung gegenüber den traumatisierten Flüchtlingskindern erfahren zwei Konzepte besondere Berücksichtigung (Kap. 6.1): die Ressourcenorientierung und die Traumapädagogik. Nach ihrer Erläuterung geht es zunächst um die praktische Umsetzung in verschiedenen Settings und Lebensbereichen der Minderjährigen. Hierbei wird Bezug auf ihre psycho-soziale Situation genommen (Kap. 6.2). Mögliche Schwierigkeiten, die sich aus dem sozialpädagogischen Handeln ergeben, greift das daran anschließende Kapitel (6.3) auf. Es thematisiert Hindernisse auf drei verschiedenen Ebenen.

6.1   Sozialpädagogische Arbeitshaltung und Konzepte

Wo und wann die erste Kontaktaufnahme zwischen Sozialpädagogen und minderjährigen Flüchtlingen geschieht, ist unterschiedlich. Unbegleitete Kinder und Jugendliche treffen meist in den Clearinghäusern mit ihnen zusammen, d.h. relativ bald nach der Einreise. Bei begleiteten Minderjährigen verlagert sich die Kontaktaufnahme vielfach bis nach der Überweisung in die Folgeeinrichtung. Nur wenige Erstaufnahmeeinrichtungen verfügen über ein Sozialzentrum, in dem bereits von Anfang an eine Beratung und Begleitung möglich ist (z.b. die Zentrale Aufnahmeeinrichtung in Zirndorf bei Nürnberg). Soziale Beratungsstellen, die in direkter Kooperation mit den großen Gemeinschaftsunterkünften stehen, gibt es selten. Doch „gerade die Erfahrungen der ersten Tage und Wochen beeinflussen oft für lange Zeit die Einstellung zum Gastland und – nach der Einsicht, dass Mitmenschen gewalttätig sein können – wiederum die Fähigkeit, in neuer, manchmal bedrohlicher Umgebung Beziehungen aufzunehmen und zu gestalten" (ADAM/AßHAUER 2007, S. 159). Umso wichtiger ist eine frühzeitige sozialpädagogische Betreuung.

Häufig erfahren die Eltern von anderen Asylbewerbern, wo und welche Beratungseinrichtungen es gibt. Speziell eingerichtete Sprechstunden für die Minderjährigen fehlen vielfach[18]; es besteht die Gefahr, dass kinder- und jugendspezifische Schwierigkeiten nicht ausreichend berücksichtigt werden. Wenn die Minderjährigen sich nicht selbst an die Sozialpädagogen wenden, bieten sich vier Möglichkeiten zur primären Kontaktaufnahme: Erstens wenn die Eltern in der Beratung sind und die Kinder mitbringen; zweitens durch Freizeit- bzw. Gruppenangebote der Beratungseinrichtung und drittens durch eine aufsuchende Arbeit (Koch-, Spiel-, Hausaufgabenangebote) in der GU selbst. Die vierte Option ist die Begegnung in einer kinder- und jugendpsychiatrischen Klinik. Sie stellt einen Sonderfall dar, weshalb ihr ein eigenes Kapitel (6.2.3) gewidmet ist.

In jedem Fall steht die Vertrauensgewinnung der jungen Flüchtlinge im Mittelpunkt. Langfristige, verlässliche Beziehungen sind hier nach KÜHN/VOGT (2007) besonders wichtig: „Das Angebot einer fachlich versierten, verlässlichen und verstehenden Beziehung zu einer Bezugsperson garantiert die Unterstützung zur positiven Neuorientierung in einer Realität, die nach der/den traumatischen Erfahrungen nur noch fragmentiert wahrgenommen werden konnte". Von anderen Menschen absichtliche und unter Gewaltanwendung herbeigeführte Taten, führen zu einer nachhaltigen Erschütterung des Vertrauens in zwischenmenschliche Beziehungen. Im Krieg und auf der

---

[18]   in Hamburg existiert ein Pilotprojekt, dass für Flüchtlinge bis 21 Jahren eine Kindersprechstunde anbietet. Sie richtet sich an Schulkinder u. Jugendliche aus Flüchtlingsfamilien ohne gesicherten Aufenthaltsstatus. siehe www.kinderfluchtpunkt.de.

Flucht wurden die Kinder ausgenutzt; sie waren Beobachter und Opfer von grausamen Handlungen durch Erwachsene. Daraus resultieren gleichzeitig „veränderte Vorstellungen über Menschen, das Leben und die Zukunft" (FISCHER et al. 2003, S. 639). Misstrauen und die Angst, wieder verraten oder ausgenutzt zu werden, überwiegen und erschweren die Bindungsfähigkeit der Minderjährigen. Wenn die eigenen Zukunftserwartungen negativ ausfallen, ist die Einfindung in die neuen Lebensumstände zusätzlich erschwert. Es ist daher wichtig, auch eine Zukunftsperspektive aufzuzeigen.

Die grundlegende Arbeitshaltung mit den traumatisierten Flüchtlingen sollte offen, geduldig, vertrauens- und respektvoll sein. Gegenüber Sozialpädagogen, die ihnen Angebote zur Unterstützung machen, kann sich das Misstrauen anfangs fortsetzen. Ablehnungen, bewusstes Austesten u.ä. Verhalten stellen die gemeinsame Arbeit vor große Herausforderungen. Die Beziehungsherstellung und -gestaltung ist zugleich Voraussetzung und Bestandteil für die Arbeit mit den Minderjährigen. Sie ist als ein Prozess zu sehen, in dem Fort- und Rückschritte beide vorkommen dürfen. Es ist hier noch einmal wichtig zu betonen, dass Sozialpädagogen – in allgemeinen Migrationsberatungsstellen ebenso wie in Jugendwohngruppen und speziellen Flüchtlingseinrichtungen – über traumabezogenes Wissen (vgl. Kap. 5) verfügen müssen. Zwei mögliche Handlungskonzepte stellen in diesem Kontext das Empowerment mit seiner Ressourcenorientierung sowie die Traumapädagogik dar. Sie werden im Folgenden vorgestellt und ihre praktische Umsetzung anschließend in Kapitel 6.2 für einzelne Arbeitsbereiche erläutert.

6.1.1 Ressourcenorientierung im Sinne des Empowerment

Bei den minderjährigen Flüchtlingen scheinen psychosoziale und aufenthaltsrechtliche Probleme zu überwiegen. Das verführt Sozialpädagogen häufig dazu, sich in ihrer Arbeit allein auf die Beseitigung dieser Schwierigkeiten zu konzentrieren oder gar die Adressaten auf sie zu reduzieren. Für eine nachhaltige Verbesserung der Lebenssituation ist eine solche Defizitorientierung wenig hilfreich. Deshalb muss es in erster Linie darum gehen, die Fähigkeiten der jungen Kriegsflüchtlinge herauszufinden und sie zusammen mit dem sozialen Netzwerk zu stärken.

Unter Ressourcen sind in diesem Kontext einerseits immaterielle, innere Kompetenzen zu verstehen, die bei der alltäglichen Lebensbewältigung helfen. Dazu zählen Fähigkeiten, Wissen, Talente oder bestimmte Charaktereigenschaften, die für jeden jungen Flüchtling individuell sind. HERRIGER schlägt als übergeordneten Begriff „Personenressourcen" vor (2006, S. 90). Der Mensch erwirbt sie im Laufe seines Lebens, durch Erfahrungen und soziale Interaktion mit anderen. Die jeweiligen kulturellen Lebensumstände prägen dabei den Erwerb mit: unterschiedliche Rollenerwartungen an Mädchen und Jungen erfordern in einigen Gesellschaften andere Kompetenzen. Kollektivistisch ausgelegte Kulturen, wozu auch das Kosovo zählt (vgl. KLINKE 2004, S. 211), legen mehr Wert auf Fähigkeiten wie Anpassung, Kompromissbereitschaft etc. Gemeinschaften, in denen eher der Einzelne im Mittelpunkt steht, sind dagegen auf Selbstverwirklichung und Selbstbehauptung ausgelegt.

Andererseits haben äußere Ressourcen einen erheblichen Einfluss auf die Lebenssituation der Minderjährigen. Freunde oder Familienmitglieder stellen wichtige Kontakte dar, die Geborgenheit, Zugehörigkeit usw. vermitteln. Im Kosovo hat die Familie eine zentrale Bedeutung. KLINKE (ebd., S. 209) beschreibt sie als „Kernstück des traditionellen kosovo-albanischen Lebens". Ihr hoher Stellenwert beeinflusst die Lebensgestaltung des Einzelnen sehr viel stärker, als dies in individualistisch orientierten Staaten wie Deutschland der Fall ist. Mitgeflüchtete Angehörige sind deshalb in die Ressourcenerschließung mit einzubeziehen.

Die erlebten traumatischen Situationen vermitteln den Betroffenen das Gefühl, machtlos gegenüber den herrschenden Umständen zu sein. Sofern keine ausreichenden Bewältigungsmöglichkeiten in der Folgezeit bestehen, erleben die Kinder und Jugendlichen sich als ohnmächtig, passiv und hilflos. Sich wieder aufdrängende Erinnerungen oder Gedanken werden verdrängt, aber nicht verarbeitet. Umso wichtiger ist es, das Gefühl des Ausgeliefertseins nicht zu vergrößern, sondern die jungen Menschen aktiv an ihrer Lebensgestaltung zu beteiligen. Mit Hilfe des Empowerment (engl. to empower = ermächtigen, befähigen) soll ihnen die Gelegenheit gegeben werden, ihre Personen- und Umweltressourcen zu stärken. Dies ist ebenfalls im Hinblick auf die Prävention von weiteren Traumatisierungen bedeutsam.

Das Konzept des Empowerment hat sich vorrangig im Rahmen der Bürgerrechtsbewegung (civil-rights-movement) der schwarzen Minderheitsbevölkerung in den USA entwickelt (vgl. HERRIGER 2006, S. 22). Bis in die 70er Jahre wurden Schwarze öffentlich diskriminiert und an ihrer Teilhabe am gesellschaftlichen Leben behindert. Eine restriktive Arbeitsmarktpolitik und rassistische Ausgrenzung aufgrund der Hautfarbe können als wesentliche Merkmale gelten. Das sog. civil-rights-movement setzte sich für eine Abkehr von der ohnmächtigen Rolle der Schwarzen hin zu einer aktiven Aneignung von Macht ein: Durch gewaltfreie Proteste und kollektive Selbstorganisation in bürgerschaftlichen Interessengruppen gewannen sie an Einfluss (vgl. ebd., S. 24). Als weitere Einflüsse wirkten die Selbsthilfebewegung und Community-Action-Programme. Zweck der vielerorts gegründeten Selbsthilfegruppen war es, „in solidarischer Eigenleistung ein Netz an sozialer Unterstützung zu errichten" (ebd., S. 29). Die Betroffenen wollten ihre Lebenssituation zusammen mit anderen Betroffenen selbst bewältigen, wie es z.B. bei den Anonymen Alkoholikern geschieht. In den Community-Action-Programmen ging es um eine größere Beteiligungsmöglichkeit der Bürger an kommunalen/staatlichen Prozessen. Einmischung von Bürgern wurde so auch auf politischer Ebene umgesetzt. Als Resultat der geschichtlichen Entwicklung fasst HERRIGER (ebd., S. 20) Empowerment als

„mutmachende Prozesse der Selbstbemächtigung, in denen Menschen in Situationen des Mangels, der Benachteiligung oder der gesellschaftlichen Ausgrenzung beginnen, ihre Angelegenheiten selbst in die Hand zu nehmen, in denen sie sich ihrer Fähigkeiten bewusst werden, eigene Kräfte entwickeln und ihre individuellen und kollektiven Ressourcen zu einer selbstbestimmten Lebensführung nutzen lernen. Empowerment – auf eine kurze Formel gebracht – zielt auf die (Wieder-)Herstellung von Selbstbestimmung über die Umstände des eigenen Alltags"

Eine sozialpädagogische Umsetzung des Empowerment setzt einen Perspektivenwandel voraus: Von der reinen Defizitorientierung muss es zu einer Kompetenzorientierung kommen. Kinder und Jugendliche mit Fluchthintergrund sind durchaus in der Lage, an der Gestaltung ihres Lebens in Deutschland mitzuwirken. Vor dem Hintergrund, dass ein Großteil ihres Alltags durch asyl- und aufenthaltsrechtliche Regelungen fremdbestimmt ist, kommt der Selbstbefähigung eine große Bedeutung zu. Aufgabe der Sozialpädagogen ist es, die jungen Menschen im Prozess der (Wieder-)Herstellung von Selbstbestimmung zu unterstützen. Geflüchtete Kinder und Jugendliche sollen zur Entdeckung ihrer eigenen Stärken ermutigt werden. Wesentlich hierfür ist – in Anlehnung an die Humanistische Psychologie – ein positives Grundverständnis des Menschen: daran zu glauben, dass er trotz widriger Umstände auch in belastenden Lebenslagen konstruktiv handeln kann. HERRIGER (2006, S. 72) formuliert es als „die Philosophie der Menschenstärken", welche getragen wird „von dem festen Glauben an die Fähigkeiten des Individuums, in eigener Kraft ein Mehr an Autonomie, Selbstverwirklichung und Lebenssouveränität zu erstreiten – und dies auch dort, wo das Lebensmanagement der Adressaten sozialer Hilfe unter einer Schicht von Abhängigkeit, Resignation und ohnmächtiger Gegenwehr verschüttet ist".

Mehr Selbstbestimmung bedingt aber gleichzeitig, Möglichkeiten zur aktiven Teilhabe zu besitzen. Gerade für junge Menschen ist es wichtig, an Entscheidungen mitzuwirken, die sie selbst direkt betreffen. Partizipation kann hier auf verschiedenen Ebenen geschehen. In der genannten Definition des Empowerment deutet sich bereits die Trennung in eine individuelle und kollektive Ebene an. Letztere beinhaltet gruppen-, institutions- und gemeindebezogene Ansätze (vgl. ebd., S. 86). Aufgrund des kinder- und jugendgerichteten Schwerpunktes dieser Arbeit beschränkt sich die Umsetzung auf Einzel- und Gruppensettings. Mit der Frage, wie dies konkret in einzelnen Arbeitsbereichen geschehen kann, beschäftigt sich Kapitel 6.2. Darin kommen auch die unterschiedlichen Rollen und Aufgaben der Sozialpädagogen zum Vorschein.

6.1.2 Traumazentrierte Pädagogik

Bei der Traumapädagogik handelt es sich um ein noch junges Konzept, das im Jahr 2002 aus der Praxis heraus entstand: Soziale Fachkräfte in Jugendhilfeeinrichtungen sahen sich zunehmend mit Kindern und Jugendlichen konfrontiert, die starke Verhaltensauffälligkeiten zeigten. Zur Gruppe der Betroffenen zählen auch die unbegleiteten Flüchtlinge, die im Zuge des Clearingverfahrens in den jeweiligen Wohneinrichtungen der Jugendhilfe untergebracht sind. Die Ursache für das auffällige Verhalten sind traumatische Lebenserfahrungen, die von den Professionellen vielfach nicht als solche erkannt werden. Als Folge stellen sich vielfach Frustration, sekundäre Traumatisierungen oder gar Burn-Out-Symptome bei den Helfern ein. Um dem vorzubeugen und Fachkräfte zu sensibilisieren, orientiert sich Traumapädagogik „an den Erkenntnissen der Psychotraumatologie und der Traumatherapie und bemüht sich, diese in das pädagogische Feld zu transferieren" (KÜHN/VOGT 2007). Entstehung, Verbreitung, Symptome und Verlauf etc., wie sie in Kap. 5 beschrieben wurden, sind daher notwendige Vorkenntnisse für die Arbeit mit traumatisierten Kriegsflüchtlingen. In der praktischen Umsetzung zählen außerdem die professionelle Haltung, Methodenwissen und die Achtsamkeit für eigene Bedürfnisse im Sinne von Psychohygiene und Selbstfürsorge.[19]

Denn letztlich äußern sich die Folgen der (Re-)Traumatisierung von geflüchteten Kindern und Jugendlichen im Alltag, d.h. vor allem in der Wohngruppe. Es sind somit die Sozialpädagogen, die als erste- und meistens intensivste Empfänger die traumatischen Reaktionen auffangen müssen. Traumapädagogik kann sie und die jungen Menschen erheblich entlasten. „Primäres Anliegen dabei ist die Sorge für einen „sicheren Ort", der eine wichtige und notwendige Grundvoraussetzung für den Bewältigungsprozess darstellt" (KÜHN/VOGT 2007).

Mit der Bezeichnung „sicher" sind zweierlei Dinge gemeint. Zum einen müssen die Kinder und Jugendlichen sich in ihrer Unterkunft vor einer weiteren Verfolgung und Traumatisierung geschützt fühlen. Zum anderen impliziert der Begriff auch die Notwendigkeit von Kontrolle durch den Flüchtling. UTTENHÖFER (2008, S. 60) betont, „dass ohne einen äußeren „Sicheren Ort" kein innerer „Sicherer Ort" entstehen kann." Wenn die äußeren Umstände in der Wohnunterkunft (Atmosphäre, Mitbewohner, Sauberkeit, räumliche Gestaltung etc.) gut sind, gelingt es dem Minderjährigen eher, auch innerlich zur Ruhe zu kommen. Flashbacks oder andere unangenehme Erinnerungen treten nicht mehr so häufig auf, weil es weniger auslösende Trigger gibt. Manchmal kann es hilfreich sein, wenn der Minderjährige sich einen sicheren Ort vorstellt. Traumatisierte Kinder oder Jugendliche erschaffen sich dazu in ihrer Phantasie einen Platz, der für sie Sicherheit vor den schlimmen Erinnerungen bietet. Das kann sowohl ein Versteck für sie selbst (Baumhaus, Höhle) sein oder aber ein Ort (tiefes Erdloch, Eisenkiste, Meeresgrund), wohin sie die Gedanken verbannen und diese nicht herauskönnen. In beiden Fällen – realer oder imaginärer Platz – vermittelt es den Minderjährigen ein Gefühl von Selbstbestimmung. Für UTTENHÖFER (ebd., S. 56) gilt dies als „die zentrale Erfahrung in der Traumaverarbeitung der betroffenen Personen". Im Gegensatz zur Ohnmacht während des Traumas entsteht so ein positives Kontrollerlebnis. Der Minderjährige merkt, dass er selbst aktiv etwas tun kann.

---

[19]   diese Kenntnisse sind Teil der Fortbildung zum Traumapädagogen durch die Internationale Gesellschaft für erzieherische Hilfen (www.igfh.de). Weitere Informationen finden sich unter www.traumapaedagogik.de

In die Gestaltung des äußeren Ortes sind die Kinder und Jugendlichen ebenfalls mit einzubeziehen. Schließlich sollen sie sich dort wohl und sicher fühlen. Allerdings haben unbegleitete Flüchtlinge hier den Vorteil, dass sie in der Unterkunft wesentlich mehr Partizipationsmöglichkeiten haben, als ihre Altersgenossen in den großen Gemeinschaftsunterkünften. Zur dortigen Umsetzung des traumapädagogischen Konzeptes gibt es bisher keine Angaben. Hier sind deshalb neue Überlegungen/Abwandlungen notwendig (siehe Kapitel 6.2.1). Für die UMF hingegen verweist BAIERL (2008, S. 225) zunächst auf eine „ordentliche, gepflegte, gemütliche und klare Raumgestaltung", die von bestimmten Regeln und Strukturen ergänzt wird. Beides erleichtert den traumatisierten Kindern und Jugendlichen, sich in ihrer Umgebung zu orientieren. Außerdem ermöglicht z.B. eine klare Tagesstrukturierung in den Wohnunterkünften, dass die Minderjährigen innerlich zur Ruhe kommen.

Im Krieg und auf der Flucht konnten sich die Lebensverhältnisse radikal von einem auf den anderen Tag ändern. Einen geregelten, sicheren Alltag gab es nicht mehr und nur eine ständige innere Alarmbereitschaft (Arousal und Hypervigilanz) bewirkte bei vielen das Überleben. Hierbei muss auch der Zeitfaktor berücksichtigt werden. Bis zu ihrer Ankunft in Deutschland haben die Kriegsflüchtlinge oft über Jahre oder Monate hinweg traumatische Erfahrungen gemacht. Entsprechend dauert es, bis sie sich wieder auf ein normales geregeltes Leben „umstellen". Laut BAIERL (2008, S. 226) „können Wochen bis Monate vergehen, ehe ein Alltagsrahmen als sicher und die Bezugspersonen als verlässlich empfunden werden. Als weitere zentrale Merkmale für den *äußeren* Ort nennt die RHEINISCHE GESELLSCHAFT FÜR INNERE MISSION (vgl. 2005, S. 4) unter anderem

- berechenbares Verhalten (Mitarbeiter und Bewohner),
- konstantes Betreuungspersonal,
- Krisensituationen werden gemeistert,
- Partizipation,
- Rückzugsmöglichkeiten,
- Einzelgespräche mit Betreuern,
- sowie keine Gewalt untereinander.

Neben der Gestaltung des sicheren äußeren Ortes sollte traumapädagogische Arbeit ebenfalls die Suche nach einem sicheren *inneren* Ort anregen und begleiten. Hier bieten sich für die Soziale Arbeit unterschiedliche Ansatzpunkte an, in Abhängigkeit vom Alter der Kinder und Jugendlichen. Für jüngere Kinder eignen sich spielbezogene Verarbeitungen, da sie sich eher über körperliche Symptome mitteilen, als über Geschehenes zu sprechen. Ältere Kinder, und insbesondere Jugendliche, brauchen positive Erfahrungen, die ihre Selbstwahrnehmung ändern. Das beinhaltet zudem, sie bei ihrer Identitätsfindung folgendermaßen zu unterstützen (vgl. WELLE e.V. 2008):

- Bearbeitung der eigenen Lebensgeschichte,
- Korrektur traumatischer Erfahrungen,
- Entwicklung eines subjektiv annehmbaren Selbstbildes,
- Evtl. Korrektur des Geschlechtsrollenverständnisses,
- Entwicklung von Körperbewusstsein und Selbstfürsorge,
- Reflexion von Bindungsverhalten,
- Wertebildung und Korrektur von behindernden Normen.

Genau wie im Empowermentkonzept gibt es für die traumapädagogische Arbeit verschiedene Handlungsebenen. Zunächst bieten sich Einzel- und Gruppenarbeit mit den minderjährigen Flüchtlingen an.

Darüber hinaus kommt neben den Adressaten auch den Mitarbeitern und der Leitung der Einrichtung eine fördernde Rolle zu. Beide tragen laut der RHEINISCHEN GESELLSCHAFT FÜR INNERE MISSION aktiv zur Herstellung des sicheren Ortes bei: Wertschätzung, offene Kommunikation, Teamarbeit usw. sorgen für ein angenehmes Arbeitsklima und eine gute Atmosphäre insgesamt (vgl. 2005, S. 5-17). In diesem Sinne ist der sichere Ort „als eine Sammlung verschiedenster Bausteine und auf unterschiedlichsten Ebenen angesiedelter Netzwerke von Maßnahmen und Haltungen" zu verstehen (ebd., S. 4). Symbolisch gesprochen bilden die einzelnen Bausteine gemeinsam ein Haus (siehe Abb. 4). Jede Etage entspricht einer anderen Ebene (Kinder/Jugendliche; Mitarbeiter, Leitung/Einrichtung), auf der professionelles Handeln stattfindet: Im ‚Erdgeschoss' erfolgen Aufnahme und Diagnostik des Minderjährigen. Hier geht es vor allem darum, den geflüchteten Kindern und Jugendlichen ihre Angst zu nehmen. Ihnen muss erklärt werden, warum und welche Schritte erfolgen. KÜHN empfiehlt, den Neulingen gleichaltrige Kinder oder Jugendliche als Paten zur Seite zu stellen (vgl. 2006, S. 9). Das erleichtert die Einfindung und kann einen ersten Austausch anregen. Ideal wäre es, wenn es sich um jemanden aus dem gleichen Herkunftsland bzw. dem gleichen Kulturraum handeln würde. Denkbar ist eine solche Patenschaft ebenso in der GU. Hier kommt dann dem Sozialpädagogen die Aufgabe zu, einen ersten Kontakt zwischen Neuankömmling und möglichem Paten herzustellen.

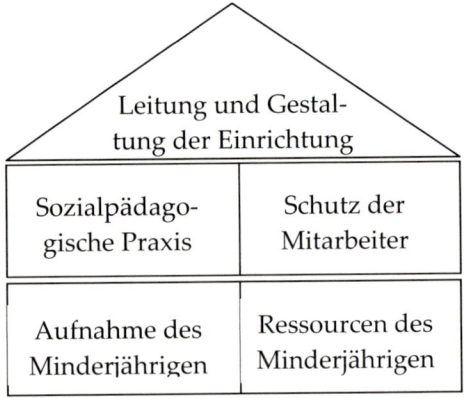

Abbildung 4: Der sichere Ort.

Die Ressourcen wurden schon im Zusammenhang mit dem Empowermentkonzept angesprochen. Ihnen fällt in der traumazentrierten Pädagogik die gleiche Rolle zu: von der rein defizitären Sichtweise auf die Flüchtlinge abzurücken und sie in ihrem Können zu bestärken. Wie dies und der traumazentrierte Ansatz in der sozialpädagogischen Praxis umgesetzt werden, beschreibt Kapitel 6.2.1 ausführlich.

Sozialpädagogen, die mit traumatisierten jungen Flüchtlingen arbeiten, sind besonderen Belastungen ausgesetzt. Deshalb ist neben dem traumapädagogischen Fachwissen unabdingbar, dass sie über zwei weitere Grundkompetenzen verfügen: die Fähigkeit zur Selbstreflexion und zur Selbstfürsorge (vgl. WEIß 2008, S. 196f.). Die Arbeit mit Kindern und Jugendlichen aus anderen Kulturkreisen bedingt, sich als Professioneller mit den eigenen kulturellen Normen und Vorstellungen auseinanderzusetzen. Andernfalls kommt es zu Spannungen und Missverständnissen mit den jungen Flüchtlingen. Es ist dabei auch wichtig, sich eigene Gefühle bewusst zu machen und zu hinterfragen: Was macht die Situation XY mit mir? Welche Emotionen löst das in mir aus und warum? Im Idealfall können so auch Phänomene wie Übertragung und Gegenübertragung vermieden werden (siehe Kap. 6.3). Zusätzlich dient die Selbstreflexion einer Einschätzung des eigenen Handelns. Im Sinne einer Eigenbewertung (Selbstevaluation) sind Fragen nach den eigenen Anforderungen und Erwartungen wichtig: Was will ich erreichen und weshalb ist dieses Ziel für meine Arbeit mit den minderjährigen Flüchtlingen relevant? Was habe ich bisher erreicht, was lief daran gut bzw. weniger gut? Was oder wer hindert mich daran, effektiv zu handeln und wie kann dies in Zukunft verbessert werden? Über all diese Fragen nach dem beruflichen Handeln und den persönlichen Einstellungen darf jedoch der ‚Mitarbeiterschutz' nicht vergessen werden. Als vierter Baustein des Hausmodells zielt er auf Selbstfürsorge, d.h. „einen liebevollen, wertschätzenden, achtsamen und mitfühlenden Umgang" mit sich selbst, sowie ein „Ernstnehmen der eigenen Bedürfnisse" (REDDE-MANN, zit. n. WEIß 2008, S. 203). Professionelles sozialpädagogisches Handeln beinhaltet, seine eigenen Belastungsgrenzen zu kennen und einzuhalten. Vor allem für die Soziale Arbeit mit traumatisierten Kinderflüchtlingen ist es kontraproduktiv, wenn dies nicht geschieht: Als negative Folgen können sich Erschöpfungserscheinungen, Überlastung bis hin zur sekundären Traumatisierung (siehe kap. 6.3) einstellen. Gute Selbstfürsorge geschieht sowohl präventiv als auch begleitend zur praktischen Arbeit. Mögliche Ansätze sind ausgleichende Tätigkeiten wie Sport, Entspannung oder kreative Aktivitäten.

Außer den persönlichen Faktoren haben ebenso die institutionellen Strukturen einen Einfluss auf das Wohlbefinden der Mitarbeiter. So beschreibt die RHEINISCHE GESELLSCHAFT, dass hierfür insbesondere ein gut kooperierendes Team, offene Kommunikationsstrukturen und begleitende Maßnahmen (Supervision, Fortbildungen) hilfreich sind (2005, S. 10ff.). Einrichtungsleitung und Kollegen tragen mit zum individuellen Wohlbefinden und der Achtsamkeit der einzelnen Mitarbeiter bei. Sie entlasten sich gegenseitig und fangen Konflikte gemeinsam auf oder ziehen bei Bedarf externe Berater hinzu.

6.2   Praktische Umsetzung der Konzepte

Neben die geschilderten Inhalte der Flüchtlingssozialarbeit (siehe Kapitel 1.1), treten in der Sozialen Arbeit mit minderjährigen Kriegsflüchtlingen trauma- und ressourcenorientierte Konzepte hinzu. Als Umsetzungsbereiche bieten sich die Wohnunterkünfte, Freizeitmaßnahmen und Schulsozialarbeit sowie die Arbeit in der Kinder- und Jugendpsychiatrie an. Die Rahmenbedingungen von Wohnsituation, Freizeitgestaltung und schulischer Lage wurden bereits in Kapitel 3.4 erläutert. Dabei zeigte sich, dass zwischen begleiteten und unbegleiteten Minderjährigen erhebliche Unterschiede bestehen, die es auch im Folgenden zu berücksichtigen gilt. Ein meist unsicherer Aufenthaltsstatus (siehe Kap. 3.3) sowie ein noch laufendes Asylverfahren (siehe Kap. 3.2) haben erheblichen Einfluss auf die Lebenssituation der Minderjährigen. Auf die rechtliche Betreuung wird deshalb bei der Umsetzung ebenfalls eingegangen.

6.2.1 Einzelarbeit in den Wohnunterkünften

Für die praktische *Ressourcenarbeit* in den Unterkünften bieten sich sowohl Einzel- als auch Gruppensettings an. In den Wohneinrichtungen für unbegleitete Flüchtlinge sind die Sozialpädagogen als Bezugsbetreuer vor Ort. Dadurch verbringen sie einen Großteil des Tages mit den traumatisierten Kindern und Jugendlichen; Zeit und Raum für klärende Einzelgespräche gibt es daher genug. Um die Ressourcen eines Kindes oder Jugendlichen herauszufinden, existiert kein standardisiertes Verfahren. HERRIGER rät von sog. Checklisten ab, da „Menschen die für sie relevanten Ressourcen „eigen-sinnig" und höchst unterschiedlich buchstabieren und das Universum denkbarer Ressourcen prinzipiell unendlich ist" (2006, S. 93). Die vorliegende Arbeit schließt sich diesem Verständnis an. Stattdessen liegt der Fokus auf dem Herausfinden der individuellen Kompetenzen.

Als sozialpädagogische Verfahren eignen sich das „Soziale Atom" sowie das „Kulturelle Atom". Beide entstammen dem Psychodrama (vgl. STIMMER 2006, S. 141) und dienen der Visualisierung von sozialen bzw. kulturellen Netzwerken. „Daraus werden konfliktträchtige und unterstützende Beziehungen deutlich, es können Hypothesen gebildet und Ziele formuliert werden, die für die anschließenden Interventionen handlungsleitend sind" (ebd., S. 137).

Beim „**Sozialen Atom**" stellt der Minderjährige mit Hilfe von Symbolen oder Gegenständen seine sozialen Kontakte und für ihn wichtige Bezugspersonen dar (siehe Abb. 5). Er selbst bildet das Zentrum der Anordnung und gruppiert alle anderen Personen um sich herum. Die jeweilige Entfernung zu sich drückt dabei die Nähe/Distanz der Beziehung aus. Pfeile von unterschiedlicher Stärke und mit verschiedener Richtung zeigen die Ein- und Mehrseitigkeit der Beziehung an:

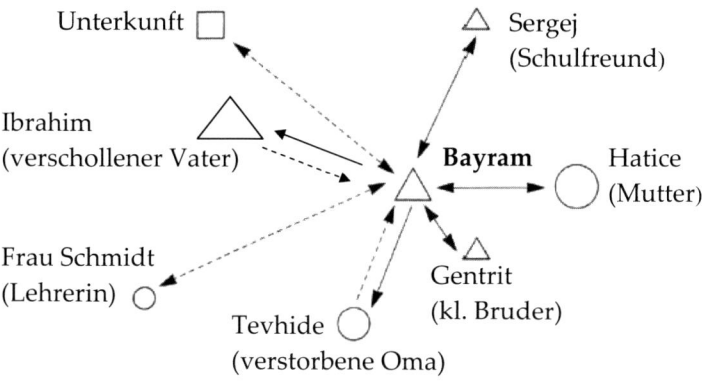

Abbildung 5: Soziales Atom für den (fiktiven) Flüchtling Bayram

KRUSE (2002, S. 88 f.) schlägt vor, hier auch verstorbene oder gegenwärtig nicht anwesende Menschen einzubeziehen. Besonders bei unbegleiteten Minderjährigen macht dies Sinn: Ihre Angehörigen konnten nicht gemeinsam mit ihnen fliehen oder sie haben sie während der Flucht verloren. Wenn sich z.B. nur Kontakte aus der Heimat im Atom wiederfinden, die nicht oder nicht mehr erreichbar sind, müssen neue gefunden werden: Mitbewohner, Schulkameraden etc., die dem Minderjährigen Halt bieten können. Andererseits spielen vorhandene Kontakte zu Familienmitgliedern bei begleiteten Flüchtlingskindern eine wichtige Rolle. Sie gilt es zu stärken und in die Soziale Arbeit mit einzubeziehen.

Interessant an dem Modell ist, dass es zum einen für unterschiedliche Altersstufen anwendbar ist. Selbst für kleinere Kinder ist das möglich, indem z.b. Handpuppen, Spielzeugfiguren oder Stofftiere als übertragne Personen eingesetzt werden (vgl. STIMMER 2006, S.139). Zum anderen gilt es unabhängig von der jeweiligen Herkunft des Darstellers.

Im Gegensatz zu diesem Modell stehen beim **Kulturellen Atom** die jeweiligen Rollen des Kindes oder Jugendlichen im Fokus. Je nach Lebenslauf und –situation entwickeln sich die einzelnen Rollen unterschiedlich. Ihre Dauer variiert von lebenslang (Bruder, Sohn) bis vorübergehend (Sportler, Schüler). Genau wie beim Sozialen Atom ist das Ziel, die dargestellten Symbole – hier sind es die Rollen - zu analysieren: Wie viele gibt es (Quantität)? Wie erlebt derjenige sie (Qualität)? In welcher Entfernung stehen sie zu ihm (Nähe-Distanz)? Gibt es verlorengegangene oder neue Rollen? Welche fehlen? (vgl. ebd., S. 140f.).Vor allem im Zusammenhang mit begleiteten Minderjährigen kann das Kulturelle Atom von Bedeutung sein: Der Erhalt und Wiederaufbau sozialer Beziehungen innerhalb (und außerhalb) der Familie ist wichtig für die soziale und emotionale Entwicklung der minderjährigen Flüchtlinge.

Anhand des Kulturellen Atoms lassen sich außerdem Aussagen über das Eltern-Kind-Verhältnis und belastete Rollenkonstellationen machen: Minderjährigen fällt es in der Regel leichter, die deutsche Sprache zu erlernen und sich an die neue Lebenssituation anzupassen. Sie „überholen" ihre Eltern, denn letztere können mit ihren in der Heimat erworbene Fähigkeiten und Berufserfahrungen in Deutschland nichts ausrichten (vgl. ANDERSON 2000, S. 34). Für die eigentlich Sorgeberechtigten wird es dann zunehmend schwieriger, die Rolle als erziehender, Halt gebender Erwachsener auszuüben. Sobald bei ihnen noch psychische Probleme, Überforderung mit der Situation usw. hinzutreten, kann es bis zur kompletten Rollenvertauschung mit den eigenen Kindern kommen. Bei dieser sog. *„Parentifizierung"* fällt den jungen Flüchtlingen die Rolle zu, sich um ihre Mutter und/oder ihren Vater zu kümmern, als wenn sie die Erwachsenen wären (FREY 2001, S.121). In Alltagssituationen müssen sie daher für die Eltern als Dolmetscher und kulturelle Vermittler einspringen, sie zu Ärzten oder Ämtern begleiten.

Zur Rollenvertauschung kann es ebenfalls bei Fehlen eines Elternteils kommen. Nicht selten übernehmen die geflüchteten Kinder und Jugendlichen die Rolle eines erwachsenen Elternteils; bei Jungen aus dem Kosovo ist es nicht selten die des abwesenden Vaters. Auf die Flüchtlinge entfällt dann die Aufgabe, sich wie Erwachsene um die jüngeren Familienmitglieder zu kümmern, einschließlich aller damit verbundenen Verantwortung. Eigene Bedürfnisse nach der Geborgenheit des „Kind-Seins" oder aggressive Gefühle gegenüber Geschwistern/Eltern bleiben häufig ungeäußert, um die eigene Familie nicht noch mehr zu belasten (ADAM/AßHAUER 2007, S. 164). Das führt zu einer weiteren psychischen Belastung der minderjährigen Flüchtlinge.

Der Prozess der Parentifizierung ist aus sozialpädagogischer Sicht extrem kritisch zu betrachten: Zwar erleben die minderjährigen Flüchtlinge eine Aufwertung ihrer Position innerhalb der Familie und somit eine Stärkung ihres Selbstvertrauens, weil sie zunehmend als Hilfe gefragt sind. Dennoch darf nicht die Verantwortung für die Elternteile auf die noch minderjährigen Flüchtlinge übertragen werden, zumal die Folgen für die Kinder und Jugendlichen gravierend sind. Als Dolmetscher werden sie evtl. mit Gesprächsinhalten konfrontiert, die belastend und nicht altersgemäß sind. Ein Sohn, der für seinen Vater dessen Foltererfahrungen übersetzen muss, erleidet evtl. selbst eine Traumatisierung (siehe Kap. 5). Eigene Erinnerungen können so aufgerüttelt werden, verdrängte Bilder wieder ins Bewusstsein gelangen. Für deren Verarbeitung stehen den Kindern wegen ihrer sozialen Isolation in den GUs kaum angemessene Gesprächspartner zur Seite. Soziale Arbeit hat hier die Aufgabe, Rollenübernahmen kritisch in Frage zu stellen und die Minderjährigen in der Ausübung ihrer kindgerechten Bedürfnisse zu unterstützen. Eine Aufklärung der Eltern über die Parentifizierung sowie alternative Unterstützungsangebote für die Erwachsenen müssen gleichzeitig stattfinden.

Eine weitere Möglichkeit, um ressourcenorientiert auf der individuellen Ebene anzusetzen, stellt der sog. „**Kompetenzdialog**" dar (HERRIGER 2006, S.117). In drei aufeinander folgenden Phasen (Zielfokussierung, Reframing und stellvertretende Lebensdeutung) geht es um die Planung einer gelingenderen Zukunft durch die Minderjährigen. Die erste umfasst die Formulierung einer wünschenswerten Zukunft durch den jungen Menschen. Traumatisierten Flüchtlingen mag dies anfangs schwerfallen, weil sie aufgrund ihrer Erlebnisse eher negativ gegenüber ihrer Zukunft eingestellt sind (siehe Kap. 5.2). Dennoch lassen sich z.B. konkrete Ziele wie ein Schulbesuch, der

Erhalt eines Ausbildungsplatzes etc. formulieren. Im Reframing soll der Minderjährige sich bisherige Fähigkeiten ins Gedächtnis rufen. Laut HERRIGER richtet sich der Blick „zurück auf jene kleinen und oft nur flüchtigen Lebenserfolge, in denen in der subjektiven Perspektive des Betroffenen alle Lebensbausteine zusammengepasst haben" (2006, S. 121). Welche Erinnerungen hat der Minderjährige z.B. an die Zeit vor dem Krieg? Gab es positive Erlebnisse oder glückliche Momente? Welche Gedanken und Eigenschaften haben ihm während der Flucht geholfen? Derartige Fragen sind hilfreich, weil sie dem jungen Menschen vor Augen führen, dass nicht alles in seiner Vergangenheit schlecht gelaufen ist und er selbst kompetent ist. Wiederbelebte positive Ereignisse schwächen die bedrohlichen Traumaerinnerungen ab. Das Gefühl der Ohnmacht kann reduziert und das Selbstwertgefühl aufgebaut werden. Hieran schließt die letzte Phase mit dem Entwurf des Lebensplanes an. Konkret bedeutet das, sich gemeinsam Möglichkeiten für die Umsetzung der gewünschten Ziele zu überlegen, vorhandene Ressourcen einzubeziehen und kleine, realisierbare Schritte festzulegen. Ein schrittweises Vorgehen ist besser, da es den Flüchtling vor einer Enttäuschung bewahrt. Zusätzlich ermöglicht es eher eine Anpassung bei veränderten Bedingungen. Würde etwa der Erhalt eines sicheren Aufenthaltstitels als Ziel definiert und dieser abgelehnt, käme es beim Flüchtling vermutlich zu Frustration, erneuten Ängsten oder gar einer Retraumatisierung.

Der Professionelle nimmt während der Einzelsettings unterschiedliche **Rollen** wahr. Er ist dabei „Lebenswelt-Analytiker", „kritischer Lebensinterpret" oder „Ressourcenmobilisierer" (vgl. ebd., S. 227f.). Überschneidungen und fließende Übergänge zwischen den drei Positionen sind möglich. Geht es um die Aufstellung des Sozialen oder Kulturellen Atoms, nimmt der Sozialpädagoge die beiden ersten Rollen ein. Als Lebenswelt-Analytiker verschafft er sich einen guten Einblick in den Alltag des Minderjährigen, d.h. in die vorhandenen Beziehungsmuster, wichtigen Personen und Strukturen, in denen sich der junge Flüchtling täglich bewegt. Hier ist ergänzendes Fachwissen über Herkunftskultur, rechtliche Bestimmungen und individuelle Fluchtgeschichte wichtig, um einen Gesamteindruck zu bekommen. Die beobachtete Lebenswelt zusätzlich kritisch zu hinterfragen, ist Aufgabe des Lebensinterpreten. Er unterstützt das Kind/den Flüchtling darin, seine bisherigen Erfahrungen zu deuten und eventuell neu zu bewerten. Im Sinne der Zukunftsorientierung des Empowerments zielt diese Rolle aber auch prospektiv „auf den Entwurf einer für den Klienten wünschenswerten […] Zukunft" (ebd., S. 228). Diese Ausrichtung findet sich gleichfalls im Reframing des Kompetenzdialoges wieder. Traumatisierte Kinder und Jugendliche verfügen häufig über ein verzerrtes Selbstbild (siehe Kap. 5). Sie geben sich selbst die Schuld für das Geschehene, weil sie es mit ihren subjektiven Möglichkeiten nicht verhindern oder rückgängig machen konnten. Mit Hilfe des kritischen Lebensinterpreten gilt es, diese Selbstzuschreibungen neu zu überdenken In Bezug auf die angesprochene Parentifizierung ist das besonders wichtig. Gibt es z.B. Alternativen, um Anerkennung innerhalb der Familie zu bekommen? Wie können kind- oder jugendgerechte Bedürfnisse vermittelt werden, ohne die Eltern zurückzuweisen? An dem Punkt sind andere Ressourcen durch den Sozialpädagogen zu mobilisieren. Neue soziale Kontakte sind eine gute Möglichkeit, um das soziale Netzwerk des Flüchtlings zu erweitern bzw. zu stabilisieren. Um sie herzustellen, eignen sich Treffpunkte für junge Menschen wie Jugendzentren, Abenteuerspielplätze usw. Sozialarbeiter können erste Treffen vermitteln oder kleinere Kinder selbst begleiten, damit der Einstieg einfacher wird. Bei begleiteten Minderjährigen ist eventuell vorher „Überzeugungsarbeit" bei den Eltern zu leisten. ANDERSON (vgl. 2000, S. 29) führt an, dass sich vor allem die Mädchen selten allein außerhalb der Unterkunft aufhalten dürfen, teilweise nur bekannte Wege wie zur Schule oder zum nahe gelegenen Supermarkt gehen. Verstärkt wird das elterliche Erziehungsverhalten aufgrund kultureller Rollenvorstellungen, wobei Jungen in der Regel mehr ‚Bewegungsfreiheit' zukommt als Mädchen.

Im Sinne des *traumazentrierten Ansatzes* geht es primär um die Schaffung eines sicheren Ortes. Für die unbegleiteten Minderjährigen lässt sich dieser einfacher realisieren, da sie in Wohngemeinschaften der Jugendhilfe leben. Dadurch entsteht ein breiterer Gestaltungs- und Partizipationsraum, als dies bei den begleiteten und über 16-Jährigen Flüchtlingen in den großen Sammelunterkünften der Fall ist.

Bei der praktischen Sozialen Arbeit steht die bereits erwähnte vertrauensvolle Beziehungsgestaltung am Anfang allen Handelns. Doch selbst wenn die Kinder und Jugendlichen sich auf eine Beziehung eingelassen haben, ist diese keineswegs stabil. Traumatische Reaktionen der Kriegsflüchtlinge in Form von Vermeidungsverhalten, aggressiven Ausbrüchen usw. beeinflussen das Gleichgewicht. Aus sozialpädagogischer Sicht gilt es hier zum einen, das geäußerte Verhalten der Kinder und Jugendlichen zu verstehen. Es bildet nur „die Spitze des Eisberges". Darunter verbergen sich Gefühle wie Ängste, Wut, Rache etc., mit denen die Minderjährigen lernen müssen, konstruktiver umzugehen. Wenn es doch zu Auseinandersetzungen kommt, sollte es andere Möglichkeiten zum Ausgleichen oder Entlasten geben (z.B. Boxsack, Raum zum Austoben). Gewaltsame Reaktionen gegenüber Mitbewohnern oder Betreuern sind in jedem Fall zu verhindern. In Gesprächen zwischen dem sozialpädagogischen Betreuer und dem Kinderflüchtling gilt es dann zu klären, was zu der Aggression geführt hat.

WEIß (2008, S. 108) schlägt dazu die „Weil-Frage" vor. Anstatt z.B. einen aggressiven Jungen zu fragen „Warum tust Du das? sei es besser zu sagen „Du bist aggressiv, weil...?" So lassen sich Schuldgefühle verhindern, denn der Junge bekommt durch die Frage keine negative Bewertung seines Verhaltens übermittelt. Er merkt, dass es von Bedeutung ist, was seine eigenen Gründe für das aggressive Auftreten sind. Damit erreicht der Sozialpädagoge zum anderen, dass die Betroffenen selbst realisieren, weshalb sie handeln, wie sie handeln. WEIß betont, es gehe nicht darum „dass Pädagoginnen das störende oder schädigende Verhalten positiv umdeuten, sondern dass sie durch Spiegeln oder ein Angebot von Definitionen die Kinder und Jugendlichen unterstützen, ihr Verhalten selbst zu verstehen und zu akzeptieren" (ebd., S. 109). Für kriegstraumatisierte Flüchtlingskinder kann diese Erfahrung sehr entlastend sein: Ihre Reaktionen sind in Ordnung und angesichts der erlebten Belastung nachvollziehbar. Zusätzlich können erklärende Gespräche über die Symptome (Schlafprobleme, Dissoziation, Ängste, Flashbacks...) den Minderjährigen helfen, sich selbst besser zu verstehen. Auf längere Sicht führt dies mit zu einem stabileren Selbstbild und kann die Möglichkeiten der Traumabearbeitung verbessern.

Zu den Inhalten der traumabezogenen Einzelarbeit zählt deshalb der bewusste Umgang mit den Symptomen des Traumas und ihren Auslösern. Wenn sich z.B. herausstellt, in welchen Situationen oder aus welchen Anlässen sich die psychische Belastung bei einem Flüchtling verschlimmert, lässt sich dies in Zukunft reduzieren. WEIß schlägt vor, bei der Aufnahme die individuellen Faktoren für Flashbacks ausfindig zu machen (vgl. 2008, S. 155). Gibt es z.B. bestimmte Sinneseindrücke (Gerüche, Geschmäcker, Berührungen), die Angst und Nachhallerinnerungen heraufbeschwören? Befinden sich im aktuellen Umfeld der Unterkunft Räume, Gegenstände oder Personen, die von den Traumatisierten gemieden werden? In welchen anderen Lebenslagen traten die Symptome auf? Bei jüngeren Kindern ist hier viel Einfühlungsvermögen notwendig. Einige sind noch nicht in der Lage, ihre Auslöser genau zu benennen. Phantasiegedanken wie ‚Monster' oder ‚böse Zwerge', die sich in dunklen Ecken verstecken, sind durchaus ernst zu nehmen.

Gelingt es nicht, Rückblenden zu verhindern, kann dennoch ihre Dauer und damit belastende Wirkung gemildert werden. Hierzu versucht der Sozialpädagoge, den Kontakt zum Flüchtlingskind durch Anschauen, Ansprechen, ggf. leichtes Anfassen mit Vorankündigung (z.B. an Arm oder Schulter) etc. wieder herzustellen (vgl. ebd., S. 154). Solche „Stopp-Zeichen" eignen sich auch beim traumatischen Spiel oder bei dissoziativen Zuständen, denn sie führen den Minderjährigen in die Realität zurück. Anschließend ist es wichtig, über das Geschehene zu sprechen: Auf der einen Seite soll der Betroffene selbst erzählen, was gerade mit ihm passiert ist, was er wiedererlebt hat. Auf der anderen Seite kann der Sozialpädagoge nachfragen, den Minderjährigen beruhigen und ihn so stabilisieren. Der gegenseitige Austausch trägt mit dazu bei, mehr Klarheit über die Auslöser zu erhalten. Im Idealfall verhindert eine sensibilisierte Wahrnehmung, dass es erneut zu Flashbacks kommt bzw. dass ihr Auftreten früher erkannt wird. Hilfreich ist außerdem eine Dokumentation der Rückblende, um innerhalb des Teams auf zukünftige Situationen gut und schnell zu reagieren.

Die genannten Maßnahmen bedeuten nicht, dass sich Sozialpädagogen als Psychotherapeuten ausgeben sollen und deren Aufgaben vollständig übernehmen. Das kann und darf nicht das Ziel von Traumapädagogik sein. Psychosoziale Belastungen von Flüchtlingen zu reduzieren, erfordert nach WEIß jedoch „die Adaption von therapeutischem Know-how in die Pädagogik" sowie eine gute Kooperation beider Berufsgruppen (ebd., S. 146). Interdisziplinäre Zusammenarbeit ist deshalb unerlässlich.

6.2.2 Gruppenarbeit

Einen wichtigen Beitrag zum Empowerment der Flüchtlingskinder leistet neben dem bereits beschriebenen Verfahren der Einzelfallhilfe auch die Soziale Gruppenarbeit. Sie zielt darauf, „den einzelnen Menschen in der Gruppe Hilfestellungen zu geben, die sie befähigen, alltägliche Lebenssituationen und Beziehungen in Familie, Kindergarten, Schule und Beruf [...] zu meistern" (SCHMIDT-GRUNERT 1997, S. 62). Durch den Austausch miteinander und das Zusammensein entwickelt sich ein „Wir-Gefühl" innerhalb der Gruppe. Die jeweiligen Mitglieder erfahren durch gemeinsame Aktivitäten und Diskussionen mehr übereinander und über sich selbst. Insofern übernimmt die Gemeinschaft ebenso eine identitätsstiftende Funktion.

Im Zuge der Erläuterungen in Kap. 5 hat sich gezeigt, dass traumatisierte Flüchtlinge häufig in ihrer Entwicklung beeinträchtigt sind. Sie reagieren auf die erlebten Extrembelastungen vielfach mit Verhaltensauffälligkeiten, die wiederum zu Konflikten mit anderen Menschen führen. Gerade im Zusammenleben innerhalb der Wohngruppe oder GU ist es daher wesentlich, pro-soziales Verhalten und gegenseitigen Respekt zu fördern. Außer dem genannten Zweck lassen sich deshalb für die Soziale Arbeit mit Kriegsflüchtlingen noch weitere Unterziele formulieren. In Anlehnung an KLINKE (vgl. 2004, S.220 f.) sind es:

- Stärkung des Selbstbewusstseins,
- Raum für Selbstreflexion und Problembewältigung bieten,
- geschlechtsspezifische Rollen und Lebensvorstellungen thematisieren,
- neues Handeln ausprobieren,
- Gewalterfahrungen und Schutzmöglichkeiten ansprechen,
- Partizipation,
- Solidarität untereinander herstellen,
- Konflikte reduzieren.

Wie gut die Umsetzung der aufgeführten Punkte gelingt, hängt zum einen von den Prozessen innerhalb der Gruppe (Gruppendynamik) ab. Auf sie wird später noch eingegangen. Zum anderen kommt dem Sozialpädagogen als Leiter und Initiator der gemeinsamen Arbeit eine tragende Rolle zu: Vor Beginn der eigentlichen Gruppenarbeit sind erste Abklärungen notwendig: Welche Kinder und Jugendlichen sollen teilnehmen? Handelt es sich z.B. nur um die Bewohner der Wohngruppe/GU oder dürfen sich auch externe Minderjährige einbringen? Müssen altersspezifische oder nach Geschlecht getrennte Gruppen gebildet werden? Wenn auch mit Scham oder kulturellen Tabus besetzte Themen als Inhalte relevant sind, macht eine Trennung in Mädchen- und Jungengruppen Sinn. Anschließend sind organisatorische Fragen nach Räumlichkeiten, der freiwilligen oder verpflichtenden Teilnahme etc. zu klären. In einem ersten Treffen sollte es darum gehen, gemeinsam mit den Minderjährigen die Inhalte, Erwartungen und Wünsche zu besprechen. Gibt es z.B. Themen, die sie gerne diskutieren wollen? Haben sie Schwierigkeiten/Konflikte oder möchten sie lediglich gemeinsam etwas unternehmen? Zusätzlich zu den gewünschten Inhalten können traumarelevante Themen mit einbezogen werden. Im direkten Fall wären das etwa vermittelte Handlungsalternativen: Wie gehen die anderen Gruppenmitglieder mit Erinnerungen um? Was machen sie, wenn sie wütend sind? All dies sind mögliche Gesprächsgrundlagen im Gruppensetting. Indirekt trägt der Gruppenprozess zu einer Stärkung der emotionalen Kompetenz sowie des Selbstwertgefühls der einzelnen Mitglieder bei. Durch Meinungsaustausch, Ratschläge und Diskussionen über wichtige Probleme des Flüchtlingsdaseins erfahren sie, dass ihre persönliche Meinung zählt (vgl. KLINKE 2004, S. 220). Außerdem lernen sie so, ihren eigenen Standpunkt zu vertreten und sich mit anderen Sichtweisen auseinanderzusetzen. Das wiederum bewirkt eine bessere Reflexion der eigenen Lage. Für die begleiteten Flüchtlinge ist es zudem eine wichtige Erfahrung, wenn sie im geschützten Rahmen der Gruppe über ihre Familien und das im Krieg Erlebte reden können: „Kinder, die Zeugen solcher Gewalttaten geworden sind, werden im Zuge der allgemeinen Aufregung oft vergessen. Die meisten Erwachsenen reden nicht mit ihren Kindern über die Ereignisse, zum einen weil sie denken, es würde die Kinder nur unnötig aufregen, aber auch, weil es ihnen selber schwer fällt und sie das Geschehene lieber vergessen würden" (HEEMANN et al. 1998, S. 137). In der Gemeinschaft hingegen bietet sich ein Raum, persönliche Erfahrung und Gefühle zu thematisieren. Das setzt jedoch Vertrauen und Respekt gegenüber den anderen Teilnehmern und dem Gruppenleiter voraus. Beide Haltungen müssen sich im Laufe des Gruppenprozesses entwickeln.

Alle drei der im Einzelsetting beschriebenen **Rollen** des Sozialarbeiters können auch im Kontext der Gruppenarbeit auftreten. Neben der inhaltlichen Ausgestaltung muss er Kenntnisse über die Lebenswelt der teilnehmenden Flüchtlingskinder besitzen und diese zu analysieren wissen. Außerdem unterstützt er bei den Diskussionen, kann andere Sichtweisen thematisieren und die Auseinandersetzung der Minderjährigen mit sich und ihrer Lebenssituation in Deutschland anregen. Ressourcen zugänglich zu machen umfasst nicht nur, die Kompetenzen der Teilnehmer individuell zu fördern. Es bedeutet gleichzeitig, sie untereinander nutzbar zu machen. Hat z.B. jemand eine Konfliktsituation in der Schule oder Familie erlebt, die ihn belastet, können die übrigen Gruppenmitglieder mit ihren Fähigkeiten bei der Problemlösung und Erklärung helfen. Sie berichten dann von ähnlichen Erlebnissen oder versuchen, die Situation nachzustellen. Als sozialpädagogisches Verfahren bietet sich dafür das **zukunftsgerichtete Rollenspiel** an.

STIMMER schlägt dazu eine Kombination der Zukunftswerkstatt nach Jungk und Müllert mit Elementen des Psychodramas vor (vgl. 2006, S. 200 f.): Nach einer ersten Vorabphase, in der es um die Themenfindung geht, schließen sich drei weitere Phasen an. In der Beschwerde- und Kritikphase sammeln die Flüchtlinge ihre bisherigen negativen Erfahrungen und Beobachtungen zu dem ausgewählten Thema. Mit der folgenden Phantasiestufe benennen sie die gewünschten Veränderungen des Ist-Zustandes. Hier geht es nicht nur um realisierbare, sondern generell um denkbare und erhoffte Vorstellungen. Entsprechend können sich auch utopische Ideen wiederfinden. Erst im letzten Schritt, dem Verwirklichungsstadium, müssen die Wünsche auf ihre praktische Umsetzung hin überprüft werden. Die Gruppe diskutiert darüber, wählt mögliche Vorschläge aus und formuliert einzelne Schritte, wie bis zur endgültigen Realisierung weiter vorzugehen ist.

Zur Visualisierung innerhalb der jeweiligen Phasen bieten sich psychodramatische Rollenspiele an. Die Kinder und Jugendlichen versuchen, eine erlebte Situation szenisch darzustellen, indem sie die jeweiligen beteiligten Rollencharaktere spielen. Während der folgenden Phantasiephase können bestimmte Techniken wie Spiegeln, Rollentausch oder Doppeln helfen, festgefahrene Rollen zu lösen (vgl. ebd., S. 182): Ein Gruppenmitglied ‚B' nimmt exakt die Position des aktiv spielenden ‚A' ein, ohne etwas an der Rolle zu ändern. So soll die Selbsterkenntnis von ‚A' angeregt werden, weil dieser nun die Möglichkeit hat, sich aus einer gewissen Distanz heraus zu beobachten. Beim Rollentausch hingegen ist das Ziel, dass der einspringende Teilnehmer ‚B' die Rolle nach seinen eigenen Vorstellungen ausführt. Somit zeigt er Handlungsalternativen auf, die seinen Vorgänger ‚A' zu einem Perspektivwechsel anregen. Doppeln dient hingegen der emotionalen Unterstützung des Spielenden. ‚B' versetzt sich für kurze Zeit gedanklich in die Lage von ‚A' und äußert für ihn Gefühle und Gedanken.

Unerlässlich bei diesem Verfahren ist die Nachbesprechung. Gerade jüngere Kinder können sich sehr in Rollen hineinsteigern und Realität mit Phantasie vermischen. Um das zu verhindern, müssen die beteiligten Gruppenmitglieder zwischen der eigenen und der Person auf der Bühne unterscheiden lernen. Sozialpädagogische Aufgabe ist es hier, anschließende Gespräche über das subjektive Rollenerleben einzuleiten: Wie hat sich Teilnehmer ‚A' in der Rolle gefühlt? Was ist ihm aufgefallen? Welche Beobachtungen haben die übrigen Kinder und Jugendlichen gemacht, die lediglich zuschauten? Aus all diesen Beiträgen eröffnen sich neue Möglichkeiten, an die es in späteren Gruppensitzungen anzuknüpfen gilt. Bezogen auf die Ressourcenerschließung kann das zukunftsgerichtete Rollenspiel bisher unbekannte kreative Fähigkeiten und Kompetenzen zur Problemlösung zu Tage fördern. Ein sehr unsicherer Flüchtling bekommt evtl. mehr

Selbstbewusstsein, wenn er für seine Darstellung Anerkennung von den Gleichaltrigen erhält.

Gruppendynamische Prozesse zu beobachten, zu steuern oder zu korrigieren, ist neben den vorab geschilderten Rollen eine wichtige Anforderung an den leitenden Sozialpädagogen: Welche Rollen sind in der Gruppe vertreten? Wer bringt sich wie in die Gruppe ein? Wie reagieren die übrigen Mitglieder darauf und wie werden unter den Teilnehmern Kontakte aufgenommen/abgelehnt? Wie schon bei der Arbeit mit einzelnen Flüchtlingen, ist die Beziehungsgestaltung zwischen dem Sozialpädagogen und den Gruppenmitgliedern entscheidend. Zentraler Aspekt ist wieder die Vertrauensherstellung. Nur wenn die Minderjährigen das Gefühl haben, dass ihre persönlichen Anliegen innerhalb der Gruppe „geheim" bleiben, lässt sich dies erreichen.

Für KLINKE (vgl. 2004, S. 225) ist die Stellung des Sozialpädagogen daher ambivalent zu sehen: Einerseits bietet er den Minderjährigen einen Raum, um individuelle Wünsche und Gedanken auszuleben, die evtl. im Widerspruch zu den Vorstellungen ihrer Herkunftsfamilie stehen. Andererseits muss der Gruppenleiter die Eltern der begleiteten Flüchtlinge überzeugen und mit in die Arbeit einbeziehen. Das Einverständnis der oft überfürsorglichen Eltern ist in jedem Falle einzuholen. Es setzt voraus, dass die Sorgeberechtigten dem Gruppenleiter vertrauen und die gemeinsamen Treffen gutheißen. Bei gemischt-geschlechtlichen Gruppen muss besonders auf kulturelle Regeln Rücksicht genommen werden. Dies geschieht auch im Interesse der Teilnehmer: Wenn sich z.B. in der Unterkunft herumspricht, dass sich Kontakte zwischen Mädchen und Jungen bilden, kann das dem Ruf der Mädchen und der Familie schaden. Das „Rumsprechen" stellt nach KLINKE einen sozialen Kontrollmechanismus dar, der insbesondere in traditionellen, kollektiv orientierten Gesellschaften wie dem Kosovo üblich ist (vgl. ebd., S. 214). Andere Hausbewohner, Nachbarn oder Verwandte sagen den Jugendlichen dann nach, ein Verhältnis zu haben oder sich heimlich zu treffen. Die Eltern reagieren darauf mit dem Verbot des Gruppenbesuches, um sich und ihre Kinder zu schützen. Hier gilt es, von sozialpädagogischer Seite vorzubeugen, etwa durch mehr Transparenz und Aufklärung über den Sinn der Gruppenarbeit unter Eltern und Bewohnern. Weitere Möglichkeiten bestehen in der Einladung zu Elternabenden, vermittelnden Gesprächen oder in einer Präsentation der Gruppenarbeit in der Unterkunft bzw. an anderen Orten (Schule, Interkulturelle Begegnungsstätte, Beratungseinrichtung,…). Trotz seiner ambivalenten Stellung muss der Sozialpädagoge versuchen, ein Gleichgewicht zwischen der Gruppe und den externen Bezugspersonen der Minderjährigen herzustellen. Das kann auf die Dauer sehr belastend wirken, insbesondere wenn Spannungen auftreten. Kontinuierliche Selbstfürsorge und Supervisionsmaßnahmen sind deswegen unerlässliche Bestandteile der pädagogischen Arbeit.

Die Zeit nach der Ankunft in Deutschland hat entscheidenden Einfluss auf das weitere Wohlbefinden sowie die Entwicklung der Kinder und Jugendlichen (siehe Kap. 5.4). Entsprechend kommt dem Umgang mit Krisen und Konflikten eine große Bedeutung zu. Letztere können in allen Bereichen – Schule, Familie, Unterkunft, Peer Group – auftreten. Bezogen auf die Gemeinschaftsunterkünfte kommt es z.B. zu Unstimmigkeiten oder gar gewalttätigen Auseinandersetzungen zwischen den minderjährigen Bewohnern. Als Folge dieses Wohnklimas „reagieren manche Minderjährigen auf Anforderungen der Gesellschaft mit Verweigerung und einer zunehmenden Gewaltbereitschaft; Kleinkriminalität als Überlebensstrategie kann sich bei manchen Jugendlichen einschleichen" (ANDERSON 2000, S. 38). Dem gilt es durch sozialpädagogische Maßnahmen vorzubeugen, weshalb Soziale Arbeit direkt in den Sammelunterkünften stattfinden muss. Ideal wäre eine dauerhafte Präsenz in eigens dafür ausgelegten Räumlichkeiten.

Präventive **Konflikttrainings** sind fester Bestandteil derartiger Maßnahmen und lassen sich im Rahmen von Gruppenarbeit realisieren. Hier geht es darum, die eigene Reaktion zu verstehen. Die Minderjährigen sind sich häufig nicht bewusst, dass aggressives Handeln eine Folge ihrer traumatisierenden Erlebnisse sein kann. Mit Hilfe der anderen Gruppenmitglieder gilt es, die dahinter versteckten Emotionen herauszufinden. Was empfand Person ‚X' bei ihrem Streit? Was hat sie aufgeregt? Woran hat sie die Konfliktsituation erinnert? Genau wie beim ressourcenorientierten Gruppensetting, fördern die übrigen Mitglieder die Selbstreflexion. Durch gezielte Beschäftigungen mit den Konfliktursachen, beteiligten Emotionen usw. lernen begleitete und unbegleitete Flüchtlinge, sich Handlungsalternativen zu überlegen. Dies geschieht wieder durch Diskussionen über eigene (Gewalt-)Erfahrungen und Konflikte. Solche friedliche Konfliktlösung setzt erneut am Glauben an die Eigenkompetenz der Minderjährigen an. Ihnen wird zugestanden, dass sie Probleme untereinander oder mit anderen Menschen selbst auf faire und gewaltlose Art lösen. Ressourcen- und traumazentriert zu arbeiten, meint aber noch, darüber hinauszugehen. Die Kinder und Jugendlichen sollen selbst die Fähigkeit erwerben, eigene Streitsituationen oder Spannungen zu lösen. Ein geeignetes Verfahren ist die Ausbildung zu sog. „Konfliktlotsen oder Streitschlichtern", wie sie im schulischen Bereich praktiziert wird. Die Idee macht von der Tatsache Gebrauch, dass Kinder und vor allem Jugendliche sehr stark von Gleichaltrigen (Peer-Group), beeinflusst werden und voneinander lernen. Im Streitfall greift folglich nicht der (erwachsene) Sozialpädagoge ein, sondern der minderjährige Konfliktlotse. Seine Qualifizierung kann z.B. im Rahmen eines mehrtägigen Workshops geschehen, welcher von einem Sozialpädagogen geleitet wird. Als Anleiter und Vermittler ist es seine Aufgabe, die Kinder und Jugendlichen zunächst für die sichtbaren und unsichtbaren Konflikte zu sensibilisieren. Im nächsten Schritt sollen die Flüchtlinge selbst überlegen, wie sie im Falle eines Konfliktes schlichten, welche Auswirkungen er auf die jeweils beteiligten Parteien hat und was als Wiedergutmachung möglich wäre. Hier können wieder Rollenspiele hilfreich sein, in denen beispielhafte oder erlebte Situationen bearbeitet werden. Partizipation ist wesentlich, weil durch die gemeinsam ausgehandelten Regeln eine Bindung zwischen den Minderjährigen entsteht. Ziel des Ganzen ist es, die Problemlösekompetenz der Minderjährigen zu fördern. Als positiver Nebeneffekt stärkt die aktive Rollenübernahme ihr Selbstbewusstsein. Zusätzlich bekommen sie Anerkennung unter Gleichaltrigen. Dabei spielen auch kulturelle Wertvorstellungen und die Handhabung von Problemen eine Rolle: Muss sich ein männlicher Jugendlicher bei einem Mädchen entschuldigen? Ist Gewalt zwischen jüngeren und älteren Geschwistern nicht normal? Dürfen serbische Kinder albanischen deren Spielzeug wegreißen, weil es ja „bloß Albaner" sind? Warum sollten die Flüchtlingskinder ihre Motive für die Aggression nennen, wenn das in der Familie nicht üblich ist? Die Klärung derartiger Fragen erfordert vom Sozialpädagogen neben interkultureller Kompetenz ein sensibles Vorgehen. Beide Kompetenzen sind auch für die Schaffung des sicheren inneren Ortes hilfreich. Er beinhaltet u.a., Körperbewusstsein und Selbstfürsorge bei den Minderjährigen zu stärken (siehe Kap. 6.1.2). Sofern das Vertrauen innerhalb der Gruppe groß genug ist, bieten **Entspannungsverfahren und Körperübungen** eine gute Ergänzung. Beide dienen dazu, dass die Flüchtlinge ihre eigenen körperlichen Reaktionen und Bedürfnisse besser wahrnehmen: Viele der traumatisierten Kinder und Jugendlichen befanden sich im Krieg bzw. auf der Flucht in einem permanenten Stresszustand. Nur weil sie jederzeit in innerer Alarmbereitschaft waren, konnten sie überleben. Obwohl dies in Deutschland überflüssig geworden ist, besteht die Symptomatik weiter. Durch entspannende Übungen verringern sich Übererregung und das Gefühl, in dissoziativen Zuständen neben sich zu stehen. Einen festen und stabilen Boden zu spüren, trägt indirekt zu einem

Sicherheitsbewusstsein bei. Insofern wirkt Entspannung als ein ausgleichender und protektiver Faktor für das Wohlbefinden.

Darüber hinaus hat ein Großteil der jungen Flüchtlinge während des Kriegs- und Migrationsgeschehens Gewalterfahrungen gemacht (siehe Kap. 5.1). Ihre körperliche und seelische Unversehrtheit wurde angegriffen und zum Teil schwer verletzt. Umso wichtiger ist es, diese wiederherzustellen. In der Gruppenarbeit lässt sich dies z.b. mit Hilfe einer Abstandsübung realisieren: Zwei Minderjährige gehen aufeinander zu, bis sie den Abstand zwischen sich als „ausreichend" empfinden, ohne sich in ihrem persönlichen Nahkreis angegriffen zu fühlen. Die Entfernung ist individuell verschieden; je nach erlebter Gewalt kann sie größer sein als bei den anderen Gruppenteilnehmern. Wird die Distanz gemessen und die Übung zu einem späteren Zeitpunkt noch einmal wiederholt, können die Ergebnisse verglichen werden. Ein kleinerer Abstand wäre ein gutes Zeichen für das zunehmende Sicherheitsempfinden. Gerade der Körperkontakt beinhaltet für viele ein Tabu, weil sie z.b. sexuell missbraucht oder gewaltsam behandelt wurden. Bereits kleine Gesten oder Berührungen können unangenehme Gefühle auslösen. Um eine Reaktivierung des Traumas zu vermeiden, sollten Kinder und Jugendliche diesbezüglich klare Absprachen mit Gleichaltrigen und Betreuern treffen, was für sie angenehm bzw. unangenehm ist.

6.2.3 Freizeitgestaltung und Schulsozialarbeit

Zwei weitere Arbeitsbereiche stellen die Freizeitgestaltung sowie die Unterstützung im schulischen Bereich dar. Im Freizeitbereich existieren sehr unterschiedliche Angebote für junge Flüchtlinge. Sie reichen von kreativen Bastel-, Spiel- und Sportgruppen, mehrtägigen Ausflügen, über Ferienprogramme bis hin zu Treffpunkten für Gruppenarbeit. Je nach Träger und dessen inhaltlicher Ausrichtung handelt es sich um explizite Maßnahmen für Flüchtlingskinder, Kinder und Jugendliche mit Migrationshintergrund oder allgemein Minderjährige. Bei der letztgenannten Gruppe kann es problematisch werden, wenn z.b. die rechtlichen Rahmenbedingungen der Flüchtlinge nicht ausreichend bekannt sind: Ein fehlender Aufenthaltstitel oder die auferlegte Residenzpflicht verhindern dann evtl. die Teilnahme an Freizeitaktivitäten (siehe Kap. 3.3).

Während bei unbegleiteten Kindern und Jugendlichen durch die Strukturen der Einrichtung meist Möglichkeiten zur *Freizeitgestaltung* vorliegen, ist die Situation für Minderjährige in den GUs schwieriger. Sofern keine Anbindung an eine Beratungsstelle existiert, die selbst Jugendarbeit anbietet oder diese vermittelt, kommt diese Aufgabe den Betroffenen selbst zu. Aufgrund ihrer geringen finanziellen Budgets (siehe Kap. 3.4) bieten sich hier weniger Möglichkeiten, kommerzielle Angebote (Schwimmbad, Sportverein) regelmäßig zu nutzen. Für die Integration und Erweiterung sozialer Netzwerke wären Kontakte über die Unterkunft hinaus aber wichtig.

Möglichkeiten der Sozialen Arbeit, die soziale und kulturelle Einbindung der jungen Flüchtlinge zu fördern, bieten sich auf zwei Arten: Entweder durch Netzwerkanreicherung oder durch eigene Freizeitangebote. Im ersten Fall übernimmt der Sozialpädagoge die Aufgabe des Netzwerkers und Ressourcenmobilisierers: Welche Interessen hat der Minderjährige? Welche Personen könnten ihn bei der Umsetzung unterstützen? Welche (finanziellen) Mittel sind erforderlich und können beantragt werden? Gilt es rechtliche Aspekte (Flüchtlingsstatus) zu berücksichtigen? Ist z.B. der Besuch eines Sportvereins möglich oder gibt es einen Treffpunkt für die Interessenausübung (z.B. Musik- oder Tanzgruppe)? Eine gute Vernetzung der betreuenden Einrichtung, aus der der Sozialpädagoge stammt, kann zur Vermittlung hilfreich sein. Eigene Freizeitangebote geschehen in der Regel nach § 11 SGB VIII, d.h. es wird Jugendarbeit in unterschiedlichsten Formen geleistet. Sie soll „insbesondere junge Menschen in ihrer individuellen und sozialen Entwicklung fördern und dazu beitragen, Benachteiligungen zu vermeiden oder abzubauen, Eltern und andere Erziehungsberechtigte bei der Erziehung beraten und unterstützen [… und] dazu beitragen, positive Lebensbedingungen für junge Menschen und ihre Familien sowie eine kinder- und familienfreundliche Umwelt zu erhalten oder zu schaffen" (§1 Abs. 3 SGB VIII). Wichtig dabei ist, die Flüchtlinge aktiv an den Inhalten zu beteiligen. Mitbestimmung, Diskussionen und Entscheidungsfindung sind wesentliche Prozesse, die sich dabei ereignen. Wie schon anhand der Unterkünfte beschrieben wurde, eignet sich die Gruppenarbeit ebenfalls für den Freizeitbereich. Gemeinsame Aktivitäten erzeugen ein Gefühl von Zusammengehörigkeit unter den Minderjährigen. Darüber hinaus liegt ein Vorteil der freizeitgebundenen Sozialen Arbeit in der Freiwilligkeit zur Teilnahme. Die Kinderflüchtlinge bestimmen selbst, ob und wie sie an den Angeboten teilnehmen möchten. Ein Großteil ihres Alltages – sowohl bei den begleiteten als auch unbegleiteten Minderjährigen – ist einerseits durch rechtliche Vorgaben fremdbestimmt (siehe Kap. 3). Andererseits beeinflussen Familienmitglieder, Betreuer und Lehrer die Tagesgestaltung. Freizeitaktivitäten übernehmen in diesem Kontext eine Entlastungsfunktion: Das Kriegs- und Fluchtgeschehen hat vielen Minderjährigen die Kindheit abrupt unterbrochen oder beendet. Sie haben Aufgaben und Rollen angenommen, die nicht kind- bzw. jugendgerecht sind (siehe Parentifizierung, Kap. 6.2.1). Eigene Interessen mussten zugunsten der krisenhaften Umstände zurückgestellt werden. Neue, positive Momente zu schaffen, sind deswegen wichtige Ziele im Freizeitbereich. Hierzu gehört z.b., durch Spiele, kreative Tätigkeiten usw. die Wiederentdeckung verlorengegangener oder noch nicht entwickelter Ressourcen anzuregen.

Schulsozialarbeit

Nicht alle Flüchtlingskinder haben Zugang zum deutschen Bildungssystem. In den einzelnen Bundesländern bestehen unterschiedliche Regelungen, die teilweise mit einem Ermessenspielraum der zuständigen Behörden verbunden sind (siehe Kap. 3.4). Sozialpädagogen setzten sich in Fällen, wo ein Schulbesuch möglich wäre, für dessen administrative Umsetzung ein. Das umfasst u.a., den bisherigen schulischen Werdegang des Minderjährigen zu dokumentieren und eventuell vorhandene Nachweise (Zeugnisse, Urkunden) vorzulegen. Wenn vor Besuch einer deutschen Schule die Teilnahme an einem Deutschkurs in der Unterkunft oder sogar einer Vorbereitungsklasse stattfand, kann das die Erlaubnis eines regelmäßigen Schulbesuches erhöhen. Einige Minderjährige, die vor Erreichen des Schulalters nach Deutschland kamen, haben bereits einen deutschen Kindergarten oder eine Vorschule besucht. Ihr Übergang in das weitere Bildungssystem gestaltet sich durch die vorhandenen deutschen Sprachkenntnisse etwas einfacher. Für begleitete Flüchtlinge, die keine sprachlichen und schulischen Angebote wahrnehmen dürfen, müssen Alternativen gefunden werden. Hier ist von sozialpädagogischer Seite zu überlegen, ob im sozialen Verbundsystem der jeweiligen Stadt andere Bildungsmaßnahmen existieren. Gibt es zum Beispiel eine Sprachfördergruppe für Kinder mit Migrationshintergrund? Besteht die Möglichkeit, dass z.B. eine ehemalige Lehrkraft die Kinder und Jugendlichen unterrichtet?

Doch selbst bei denjenigen, die eine Möglichkeit zum Schulbesuch haben, gibt es manchmal Schwierigkeiten: Die Bildungsbiographie wurde aufgrund des Kriegsgeschehens mit anschließender Flucht (mehrfach) unterbrochen bzw. beendet (siehe Kap. 3.4). Nun in Deutschland wieder regelmäßig am Unterricht teilzunehmen, überfordert einige geflüchtete Schüler. Konzentrationsprobleme und Verhaltensauffälligkeiten, die aus den traumatischen Erfahrungen resultieren, erschweren die gezielte Aufmerksamkeit. Um Krieg und Flucht zu überstehen, haben die Kinder und Jugendlichen psychische

Schutzmechanismen (Fragement, Dissoziation) entwickelt (siehe Kap. 5.1). In akuten Stresssituationen, wie z.b. bei hohem Leistungs-druck in der Schule, können diese früheren Mechanismen unbewusst aktiviert werden. Als Folge wird das vermittelte Wissen lediglich bruchstückhaft und zusammenhanglos aufgenommen. Andere Grün-de für einen unregelmäßigen Schulbesuch sind die somatischen Symptome der Traumatisierung, die sich in diffusen Schmerzemp-findungen äußern. Bei begleiteten Minderjährigen besteht außerdem die Gefahr, dass sie durch die Wahrnehmung der Elternrolle ihren Schulbesuch vernachlässigen (siehe Kap. 6.2.1). Für den Erhalt eines sicheren Aufenthaltstitels ist letzterer jedoch notwendig.

Sozialpädagogen sollten versuchen, den regelmäßigen Schulbesuch sicherzustellen. Dies geschieht nicht in Form von Kontrolle, sondern durch Motivation, Trauma- und Ressourcenarbeit. Trotz des vielfach unsicheren Aufenthaltsstatus vieler Flüchtlingskinder, insbesondere aus dem Kosovo, sollten Zukunftspläne gemacht werden. Ihre Ver-gangenheit können sie nicht ändern, aber dafür ihre Gegenwart und damit die Weichen für die Zukunft stellen. Ein kontinuierlicher Schulbesuch mit gutem Abschluss ist wesentliche Voraussetzung für den Erhalt einer Lehrstelle. Sozialpädagogische Maßnahmen, um die Minderjährigen in ihrer aktiven Rolle zu unterstützen, sind: Erstens Hausaufgabenhilfe und Bewerbungstraining, zweitens eine gute Ko-operation mit der Schule und drittens die Vernetzung von Fachkräf-ten. Auf den ersten Blick erscheint Hilfe bei den Schulaufgaben als banale Aufgabe. Allerdings können sich bereits Schwierigkeiten in den ersten Schuljahren negativ auf die weitere Bildungslaufbahn auswirken, d.h. es kommt zu gering qualifizierenden Abschlüssen, Schulabbrüchen und einem schwierigeren Einstieg in den deutschen Ausbildungsmarkt. Frühzeitige Unterstützung ist deshalb sehr wich-tig, insbesondere in Anbetracht der PISA-Ergebnisse[20]. Soziale Arbeit leistet durch die Hausaufgabenhilfe eine

- Kontinuierliche Aufarbeitung und Wiederholung der im Un-terricht vermittelten Lerninhalte, unmittelbare Bearbeitung von Verständnisproblemen;
- Förderung der mündlichen und schriftlichen Ausdrucksfä-higkeit;

---

[20]   die erste PISA (Programme for International Student Assessment) Studie im Jahr 2000 hat für Deutschland einen signifikanten Zusammenhang zwischen sozialer Herkunft und Schullaufbahn festgestellt. Ausländische Flüchtlinge haben aufgrund ihrer Herkunft weniger Bildungschancen in Deutschland.

- Stärkung von Selbstvertrauen und Selbstbewusstsein;
- Förderung des Reflexionsvermögens der Kinder.

Für den Übergang in eine berufliche Ausbildung gilt es mit den Flüchtlingskindern herauszufinden, welche Qualifikationen sie besitzen, wo ihre Interessen und Stärken liegen. Hinweise darauf liefern ebenfalls Einzel- und Gruppengespräche sowie bei den UMF die Beobachtungen aus dem alltäglichen Zusammenleben in der Unterkunft.

Ein regelmäßig stattfindender Austausch zwischen Lehrkräften, sozialpädagogischen Betreuern, Minderjährigen und ggf. Eltern (bei den begleiteten Flüchtlingen) hilft einerseits, die individuellen Bedürfnisse der Kinder zu berücksichtigen. Andererseits bekommen die Lehrkräfte zusätzliche Informationen über die Lebensumstände ihrer Schüler. Das fördert im Idealfall das Verständnis der Pädagogen von traumatischen Erfahrungen und den damit verbundenen Reaktionen während des Unterrichts. Außerdem unterstützen Sozialpädagogen die Kommunikation zwischen den Angehörigen des Kindes/Jugendlichen und der Schule. Häufig haben sie Angst vor Gesprächen mit den Lehrern, teilweise entstehen Verständigungsschwierigkeiten oder kulturelle Missverständnisse. Vermitteln zwischen den Beteiligten oder Organisieren eines Dolmetschers verhindert weitere Belastungen für die Minderjährigen und deren Eltern.

Neben den Deutschkenntnissen kommt der Beherrschung der Muttersprache eine wichtige Funktion zu. Sie sollte mit dem Migrationsprozess nicht unterbunden, sondern nach der Einreise in die Bundesrepublik weiterhin praktiziert werden. Im Hinblick darauf, dass z.B. albanische Minderjährige im Kosovo nicht ihre Muttersprache sprechen durften, ist dies umso wichtiger. Des Weiteren kommt dieser ersten Sprache in der Traumaverarbeitung eine wichtige Rolle zu: Gefühle, Gedanken etc. lassen sich am genauesten in der Heimatsprache wiedergeben, weil differenzierte Beschreibungen (Redensarten, Bilder,...) möglich sind. Für allein eingereiste Flüchtlinge ist der Erhalt der Muttersprache vermutlich schwieriger, weil keine Austauschpartner vorhanden sind. Im Kontext der stets drohenden Rückkehr in die Heimat ist es wichtig, die vorhandenen Sprachkenntnisse zu erhalten bzw. auszuweiten. Ob dies über die Schule geschieht oder z.B. in größeren Städten durch den Besuch eines Kulturvereins, gilt es mit den Minderjährigen und Lehrern auszuhandeln. Dazu gehört auch, als Sozialpädagoge die weiterführende Vernetzung mit Fachkräften anzuregen. Außer Dolmetscherkontakten zählen Psychologen, Therapeuten oder Ärzte dazu. Alle drei gewinnen vor allem an Bedeutung, wenn sich eine Verschlechterung der psychischen Situation des jungen Flüchtlings feststellen lässt.

6.2.4 Unterbringung in der Kinder- und Jugendpsychiatrie

Verfügen die traumatisierten Kinder und Jugendlichen nicht über Schutzmechanismen und Coping-Strategien oder reichen diese nicht aus, können sich die psychischen Auffälligkeiten verschlimmern. In einigen Fällen münden die Reaktionen in eine erhöhte Suizidalität. Eigen- und Fremdgefährdung sind Gründe, um über eine stationäre Unterbringung oder ambulante Behandlung in der Kinder- und Jugendpsychiatrie (KJP) nachzudenken. Es gilt, von sozialpädagogischer Seite den Nutzen im Sinne des Kindeswohls und der individuellen Ressourcensituation des Minderjährigen abzuklären. Gibt es z.B. die Möglichkeit, ihn im Sinne der Helfervernetzung an einen Kinder- und Jugendtherapeuten zu vermitteln? Bei den begleiteten Flüchtlingen muss auch abgewogen werden, in wieweit die Eltern oder das soziale Umfeld eine stützende Funktion einnehmen. Da mit der stationären Einweisung in die Kinder- und Jugendpsychiatrie eine Trennung der Familie einhergeht, sollte dieser Schritt gut überlegt sein. Gerade Kriegskinder, die während der Flucht von Familienmitgliedern getrennt wurden, können evtl. schwer damit umgehen. Hier sind die *Betroffenen- und Angehörigenarbeit* wichtige Aufgaben der Sozialpädagogik:

Zum einen sind Kinder und Jugendliche in den Entscheidungsprozess für die Unterbringung mit einzubeziehen. Wollen die UMF z.B. lieber in der Wohngruppe bleiben? Welche Maßnahmen und Absprachen können getroffen werden, um die Lage des Minderjährigen zu verbessern? Existieren ambulante Hilfsangebote, z.B. eine Tagesgruppe? Freiwillige Entscheidungen zu einer stationären Behandlung außerhalb der Wohngruppe oder GU sind einer zwangsweisen Unterbringung vorzuziehen. Wichtig wäre hier ebenfalls, die Auslöser für die verschlechterte Symptomatik herauszufinden. Psychologen oder Psychotherapeuten übernehmen darin eine ergänzende Rolle, d.h. der Austausch mit diesen Fachkräften muss von sozialpädagogischer Seite angeregt und gefördert werden.

Zum anderen muss der Sozialpädagoge den begleitenden Sorgeberechtigten erklären, was eine stationäre/ambulante Unterbringung in der Kinder- und Jugendpsychiatrie bedeutet, wie die Behandlung dort geschieht, um auch ihnen die Angst zu nehmen.

Die *Elternarbeit* bei den begleiteten Flüchtlingen ist von enormer Wichtigkeit, denn „unterschiedliche Umgangsweisen der Eltern mit den psychisch belastenden Erfahrungen beeinflussen das kindliche Erleben und Verhalten" (ADAM/AßHAUER 2007, S. 157). Wenn die Elternteile z.b. traumatisiert sind, ihre eigenen Erinnerungen verdrängen und es innerhalb der Familie keine Möglichkeit zur Thematisierung gibt, überträgt sich „die Macht des Traumas" auf die Minderjährigen. Sogar diejenigen Kinder und Jugendlichen, die erst in Deutschland geboren wurden und keine Kriegs- bzw. Fluchterlebnisse haben, müssen sich mit der Vergangenheit ihrer Familie auseinandersetzen. FREY schreibt, dass „die schmerzlichen Erfahrungen der Eltern auch bei scheinbarer Geheimhaltung den Kindern emotional weitergegeben werden" (2001, S. 121). Unangemessenes Verhalten der Eltern (Wut, körperliche Misshandlung oder Vernachlässigung) oder ein emotional angespanntes Familienklima können auch zu psychischen Auffälligkeiten bei den jungen Flüchtlingen führen, so dass eine psychiatrische Behandlung notwendig wird.

Entscheidende Bedeutung haben an dieser Stelle auch *kulturspezifische Krankheitsvorstellungen*. Flüchtlinge aus außereuropäischen Kulturkreisen greifen u.U. auf andere Erklärungen zurück, als deutsche Sozialpädagogen und psychiatrische Fachkräfte es tun. Gleiches gilt für die Behandlung an sich: Im Kosovo ist es z.b. nicht üblich, über psychische Probleme zu reden (siehe Kap. 5.4). Es kann daher einige Zeit in Anspruch nehmen, bis sich die Kinder und Jugendlichen zu einer Therapie oder stationären Behandlung motivieren lassen. Transkulturelle Psychiatrie, die den kulturellen und sozialen Hintergrund ihrer Patienten berücksichtigt, ist in Deutschland noch nicht überall verbreitet[21]. SCHEPKER /TOKER (2009, S. V) bezeichnen daher die Etablierung einer „fachlich adäquaten Behandlung für Patienten jeglichen Kulturhintergrundes [...] als eine der großen Herausforderungen des 21. Jahrhunderts". Da viele der minderjährigen Flüchtlinge jedoch nicht aus den ursprünglichen Anwerbeländern des Mittelmeerraumes kommen (siehe Kap. 1.1) und ihre Migration gewaltsam erzwungen wurde (siehe Kap. 2.3), fehlen bei den Behandelnden oft Kenntnisse über die Lebensumstände. Ausnahmen bilden z.b. die Flüchtlingsambulanzen in Hamburg und Konstanz, die sich eindeutig auf die Situation dieser Migrantengruppe eingestellt haben.

---

[21]   eine Liste mit Adressen von transkulturellen medizinischen Einrichtungen inkl. speziellen Diensten für Flüchtlinge findet sich unter: www.transkulturellepsychiatrie.de

Weitere sozialpädagogische Arbeitsaufträge sind im Kontext der Kinder- und Jugendpsychiatrie die Klärung der Kostenübernahme für die Behandlung sowie die Organisation von geeigneten Dolmetschern. Deren Auswahl sollte nicht nur anhand der sprachlichen Kenntnisse geschehen, sondern vor allem aufgrund der fachlichen. Traumatische Ereignisse simultan zu übersetzen verlangt eine stabile Persönlichkeit, um nicht selbst sekundär traumatisiert zu werden (vgl FREY 2001, S.122). Bei Flüchtlingskindern mit unsicherem Aufenthaltsstatus muss der Anspruch auf finanzielle Förderung gegenüber dem Sozial- oder Jugendamt deutlich gemacht werden. Hier sind wiederum gute Sozialrechtskenntnisse nötig, denn trotz der Beschränkung auf die Akutversorgung gibt es Möglichkeiten zur Kostenübernahme von Dolmetschern oder einer Psychotherapie (vgl. CLASSEN 2008, S.120f.).

Soziale Arbeit mit den traumatisierten jungen Flüchtlingen *in* der Kinder- und Jugendpsychiatrie sollte ebenfalls am Konzept der traumazentrierten Pädagogik ansetzen. Ein schützender, sicherer Ort lässt sich für schwer traumatisierte begleitete Kinder und Jugendliche evtl. eher in der KJP umsetzen, als in der GU. Besonders wenn komorbide Störungen vorliegen (siehe Kap. 5.3), kann eine stationäre Unterbringung oder ambulante Betreuung in psychiatrischen Fachkliniken sinnvoll sein. In Abhängigkeit vom Schweregrad und Alter des Minderjährigen kann auch eine begleitende Behandlung mit Psychopharmaka erfolgen. Besonders bei begleiteten Minderjährigen aus der GU kann der kurzzeitige Aufenthalt in der KJP eine stabilisierende Funktion einnehmen, wenn z.B. durch die psychische Erkrankung der Eltern eine starke Parentifizierung eingetreten ist. Die betroffenen Kinder und Jugendlichen benötigen dann u.U. einen Schutzraum, in dem sie langsam wieder lernen, „Kind" zu sein und sich auf eigene Bedürfnisse zu besinnen. Vor Ende der stationären oder ambulanten Maßnahme sollte gemeinsam mit Sozialpädagogen ein Rückfallplan ausgearbeitet werden. Er enthält Informationen darüber, wie in Zukunft mit trauma-reaktivierenden Situationen umzugehen ist (z.B. Verhaltensregeln, Ablenkung bei Flashbacks etc.). In diesen Kontext fällt auch die Auseinandersetzung mit der Rückkehrproblematik, da sie nicht selten Auslöser der beschriebenen Retraumatisierung ist.

6.2.5 Aufenthaltssicherung und Rückkehrberatung

Eine weitere Aufgabe der Sozialen Arbeit mit Kinderflüchtlingen ist die rechtliche Beratungsarbeit im Hinblick auf die Sicherung des Aufenthaltes. Da dieser bei vielen Minderjährigen instabil ist, schwingt die Rückkehrproblematik stets mit. Beide Aspekte müssen in der praktischen Arbeit in Erwägung gezogen werden.

Aufenthaltssicherung

Obwohl sich die geflüchteten Kinder und Jugendlichen nach ihrer Ankunft in einem sicheren Staat befinden, birgt der Ablauf des Asylverfahrens viele Hindernisse und verursacht große Unsicherheit bei den Betroffenen. Unabhängig vom Begleiterstatus kann davon ausgegangen werden, dass die meisten Kinderflüchtlinge keine Kenntnisse des deutschen Asylrechts besitzen. Problematisch ist dies vor allem bei den UMF über 16 Jahren, weil sie sich allein für ihre Belange einsetzen müssen.

Aufgabe der Sozialpädagogen ist in dem Kontext, trotz der Handlungsfähigkeit des Minderjährigen einen Vormund zu erwirken. Gelingt dies nicht, sollte zumindest die Vermittlung eines asylrechtlich kompetenten Rechtsanwaltes initiiert werden.

Aufgrund der fehlenden Rechtskenntnisse ist es umso wichtiger, den Kindern und Jugendlichen den Ablauf des Asylverfahrens zu erläutern. Hierbei ist ebenfalls der Hinweis auf die oftmals lange Zeit bis zur endgültigen Entscheidung wichtig. Traumatisierte Flüchtlinge aus Kriegsgebieten verfügen u.U. über ein anderes Zeitgefühl, dass sie schneller ungeduldig und misstrauisch werden lässt. Die anfängliche Euphorie über die gelungene Einreise nach Deutschland kann nach langen Wartezeiten in negative Stimmung oder Demotivation umschwenken. Zusätzlich sollte die kontinuierliche Begleitung während des Asylverfahrens durch Sozialpädagogen geschehen. Im Idealfall fängt diese bereits kurz nach der Einreise an, so dass die Asylantragstellung gemeinsam vollzogen wird. Bei den UMF unter 16 Jahren dient dazu das Clearingverfahren; für die begleiteten Kinder und ihre Eltern besteht meist erst nach der Umverteilung in die Gemeinschaftsunterkünfte sozialpädagogische Unterstützung (siehe Kap. 3.2; 3.4). Zur systematischen Darstellung der Flucht, erfahrener Gewalt und der Asylgründe ist damit eine wichtige Chance vertan. Auf politischer Ebene, z.B. durch die Zusammenarbeit mit anderen NGOs und Flüchtlingsräten, sollten sich Sozialpädagogen deshalb für eine frühzeitige Intervention einsetzen.

Zur psychischen Entlastung - gerade bei begleiteten Kinderflüchtlingen - ist es wesentlich, sie entsprechend ihres Alters und ihrer Ressourcen mit in den Asylprozess einzubeziehen. Das mag zunächst paradox klingen, weil eine derartige Rolle die Gefahr der Parentifizierung (siehe Kap. 6.2.1) erhöht. In den meisten Flüchtlingsfamilien wird nicht offen über die aktuelle Aufenthaltssituation gesprochen. Zwar erahnen viele der Minderjährigen, dass es z.B. nicht gut um ihren dauerhaften Verbleib in der BRD steht bzw. dass sie „geduldet" sind. Was das aber genau bedeutet, wissen sie in der Regel nicht. Folglich machen sich die Kinder und Jugendlichen viele Gedanken, grübeln über ihre Zukunft und sind stark verunsichert. Aus sozialpädagogischer Sicht geht es darum, sie altersgerecht zu informieren und ihnen die Möglichkeit zu geben, eigene Bedenken und Ideen zu äußern. Praktisch realisieren lässt sich dies in eigens eingerichteten Kindersprechstunden oder in der Einzelarbeit. Eine Thematisierung der Ängste bezüglich des Aufenthaltes kann auch im Rahmen der Gruppenarbeit stattfinden, sofern die Gruppe dies wünscht. Ein offener, transparenter Umgang mit der individuellen Aufenthaltssituation verhindert zusätzlichen Stress für die jungen Flüchtlinge. Gleichzeitig bekommen sie das Gefühl, in ihren Bedürfnissen ernst genommen zu werden. Transparenz und Partizipation gelten aber nicht nur für die begleiteten Minderjährigen. Allein eingereiste Flüchtlinge bedürfen ebenso der Aufklärung und Beteiligung. Bei dieser Adressatengruppe scheint es durch die Unterbringung in Jugendhilfeeinrichtungen bzw. Clearingstellen einfacher, beide Prinzipien durchzusetzen.

Rückkehrberatung

Soziale Arbeit mit traumatisierten Kinderflüchtlingen ist ambivalent. Sie versucht einerseits, den Aufenthalt der Flüchtlinge zu sichern und zu stabilisieren. Andererseits muss sie sich vielfach mit der eventuellen Rückkehr ihrer jungen Adressaten auseinandersetzen. Wenn eine Rückkehr in das Herkunftsland wie das Kosovo nicht zu verhindern ist, müssen zumindest kindgerechte Voraussetzungen dafür geschaffen werden. Das schließt eine Vermeidung von Vorbereitungs- oder Sicherungshaft (siehe Kap. 3.3) ein, um die psychische Belastung der minderjährigen Flüchtlinge (und ihrer Familien) so gering wie möglich zu halten. Freiwillige Ausreisen erfordern zudem, dass Sozialpädagogen vorab mit dem Kind oder Jugendlichen dessen weiteren Verbleib klärt. Bei Flüchtlingskindern, die z.B. ohne Papiere über einen Flughafen eingereist sind, stellt sich die Frage nach dem Rückkehrstaat. Es kann eintreten, dass das zuständige Heimatland die Wiederaufnahme verweigert, so dass ein Drittland gefunden werden muss. Doch auch bei gesicherter Identität besteht sozialpädagogischer Organisations- und Handlungsbedarf: Wer übernimmt die Kosten für den Rücktransport in das Kosovo und wie läuft er ab? Ist sichergestellt, dass Geschwister und Familienangehörige zusammen zurückkehren? Kann vor Ort z.B. ein Sozialarbeiter die Minderjährigen in Empfang nehmen? Wo und wie werden sie untergebracht, wenn sie keine Verwandten mehr haben? Gibt es eine NGO oder andere soziale Einrichtung, die sich in der Zeit nach der Rückkehr um die jungen Rückkehrer kümmert? All diese Fragen sollten im Vorfeld der Ausreise geklärt werden, was aus praktischer Sicht jedoch schwierig umzusetzen ist. Von Seiten der kosovarischen Regierung ist wenig Unterstützung für die jungen Flüchtlinge zu erwarten. Der noch relativ junge Staat Kosovo ist erst seit 1. November 2008 offiziell für Rückführung verantwortlich. Bisherige Bemühungen im Land zeigten noch bis Mitte diesen Jahres eine schlechte strukturelle und medizinisch-psychiatrische Versorgungslage (siehe Kap. 4.2). Zum gegenwärtigen Zeitpunkt ist daher Ähnliches anzunehmen. Einzige Chance könnten Nichtregierungsorganisationen sein, die als erste Anlaufstellen für die zurückkommenden Minderjährigen dienen. Hier deuten sich bereits Hindernisse an, die sich in der praktischen Arbeit ergeben. Das nun folgende Kapitel beschäftigt sich eingehend derartigen Schwierigkeiten.

6.3   Schwierigkeiten in der sozialpädagogischen Flüchtlingsarbeit

Parallel zu ihren vielfältigen Handlungsmöglichkeiten offenbaren sich in der praktischen Flüchtlingsarbeit einige Probleme. Sie lassen sich auf drei verschiedenen Ebenen, der individuellen, der institutionellen sowie der gesellschaftlichen, darlegen.

Bezogen auf die individuelle Ebene, d.h. den handelnden Sozialpädagogen, stellt die sog. „**stellvertretende Traumatisierung**" ein Hindernis dar (vgl. FREY 2001, S. 121). Obwohl die Professionellen selbst keine traumatischen Erfahrungen gemacht haben, löst die Auseinandersetzung mit den Schicksalen der Minderjährigen häufig zwiespältige Gefühle und Reaktionen aus. Sie können sich bis hin zu Symptomen einer PTBS ausbreiten. Ursache hierfür ist eine übermäßige Empathie, verbunden mit einer starken Identifikation mit dem Schicksal der Kinder oder Jugendlichen. Als Folge übernimmt der Sozialpädagoge ihre Emotionen, ohne sie aus der Distanz heraus zu reflektieren. WEIß (2008, S. 185) beschreibt, „dass die Übertragungen der Mädchen und Jungen [...] zum Teil heftige Gefühle in den PädagogInnen auslösen, die den Inhalten der Gegenübertragung ähnlich oder gleich sind". Die Flüchtlinge übertragen traumabedingte Erfahrungen und Interaktionsmuster aus früheren Beziehungen auf den Sozialarbeiter. Sie identifizieren ihn persönlich mit Jemandem aus der Vergangenheit oder schreiben ihm bestimmte Emotionen und Eigenschaften zu, ohne dass diese der Wahrheit entsprechen. Typische Gegenreaktionen der Sozialarbeiter äußern sich im Gefühl, allein gelassen zu sein, keine Unterstützung zu erhalten und handlungsunfähig zu sein (vgl. ebd., S. 187). Die Ohnmacht der Minderjährigen überträgt sich demnach ebenfalls auf die Helfer. Letztere übersehen ihre eigene Belastungsgrenze, d.h. sie verausgaben sich teilweise bis zum inneren Ausbrennen (Burn-Out-Syndrom).

Gleichzeitig besteht die Gefahr eines **Vertrauensverlustes** in andere Menschen. Durch die alltägliche Konfrontation mit den traumatischen Erlebnissen der Kinder und Jugendlichen kann laut WEIß (vgl. ebd., S. 184) die ehemals positive Grundeinstellung in eine negative umschwenken. Dies wirkt sich u.U. nicht nur auf den Arbeitsplatz aus, sondern überträgt sich in den privaten Bereich. Regelmäßige Selbstfürsorge und Selbstaufmerksamkeit schützen davor; ebenso wie eine Reflexion über die eigenen Erwartungen. In der Arbeit mit minderjährigen Kriegsflüchtlingen muss Erfolg neu buchstabiert werden: Durch die Traumatisierung brauchen viele der jungen Menschen Zeit, um sich auf Beziehungen und neue Entwicklungsschritte einzulassen (siehe Kap. 6.2). Eine freiwillige und regelmäßige Teilnahme an Gruppenaktivitäten ist für einige Kinder bereits ein großer Erfolg. Andere dagegen lassen sich gar nicht auf Gespräche über ihre Erlebnisse ein, weil sie ihre Vergangenheit hinter sich lassen wollen. Zwischen den professionellen Erwartungen und den sichtbaren Ergebnissen bestehen Spannungen, die es auszuhalten gilt.

Ungünstige **institutionelle Rahmenbedingungen** erhöhen die Gefahr einer sekundären Traumatisierung zusätzlich. Der Leitung und dem übrigen Team der sozialen Einrichtung kommt die Funktion zu, ihre Kollegen zu stützen und zu entlasten. (Team-)Supervisionen sowie eine offene Kommunikation (siehe Kap. 6.1) stellen wichtige Schutzfaktoren dar. Außerdem tragen beide zu einem angenehmeren Arbeitsklima bei. Konflikte innerhalb der Beratungseinrichtung sowie zwischen einzelnen Mitarbeitern und Flüchtlingskindern lassen sich so einfacher klären. Werden sie nicht umgehend nach ihrem Auftreten bearbeitet, verschlimmern sich die Spannungen und gefährden letztlich die trauma- und ressourcenorientierte Arbeit. Fehlende Fortbildungen zählen ebenso zu den potentiellen Barrieren der Flüchtlingssozialarbeit. Fachliche Qualifikation und methodisches Handeln kontinuierlich zu sichern, ist dabei nicht nur Aufgabe des einzelnen Mitarbeiters, sondern auch der Leitung und des Teams. Gegenseitige Unterstützung fördert den Zusammenhalt. Dies ist besonders für die Flüchtlingskinder wichtig, um die professionelle Energie in ihre Ressourcenerschließung sowie Traumabearbeitung zu investieren.

Bei der Umsetzung der ressourcen- und traumaorientierten Konzepte spielen nicht zuletzt die **gesellschaftlichen Bedingungen** eine Rolle. Stigmatisierung und Ausgrenzung im Sinne von verwehrter gesellschaftlicher Teilhabe finden in vielfacher Weise statt: Ein wichtiger Punkt ist hier die fehlende Anerkennung, dass Minderjährigkeit auch bei ausländischen Jugendlichen bis zur Vollendung des 18. Lebensjahres gilt. Damit einher geht die unzureichende Berücksichtigung von kinderspezifischen Fluchtgründen (siehe Kap. 2.3); eine reine Fixierung auf staatliche Verfolgung verweigert vielen den Zuspruch der Flüchtlingseigenschaft. Zudem bedingt der häufig unsichere Aufenthaltsstatus eine soziale Isolation der Flüchtlingskinder und führt zu großer Verunsicherung in Bezug auf die eigene Zukunft.

7   Zusammenfassung

Soziale Arbeit mit minderjährigen traumatisierten Flüchtlingen aus Kriegsgebieten ist ein vielfältiges und komplexes Arbeitsgebiet. In den vorherigen Ausführungen wurde deutlich, dass ein ganzheitlicher Ansatz notwendig ist, um der Lebenssituation der jungen Menschen gerecht zu werden.

In Teil A dieser Diplomarbeit ging es um die Hintergründe von Fluchtbewegungen nach Deutschland, die Asylgewährung sowie die Besonderheiten der Zielgruppe. Das Wissen um diese Umstände ist grundlegend für die sozialpädagogische Arbeit mit Flüchtlingen; es liefert Hinweise auf die Ursachen und möglichen Folgen von erzwungener Migration. Kapitel 2 erläuterte dazu den Flüchtlingsbegriff, wie er im Rahmen der Genfer Flüchtlingskonvention verstanden wird. Anhand der Statistiken zu Asylerstanträgen zeigte sich, dass die Hauptherkunftsländer in der Zeit von 1998 bis 2007 wenig variierten: Die Länder Serbien, die Türkei und der Irak befanden sich immer auf den ersten drei Plätzen. Bei allen handelt es sich um (ehemalige) Kriegs- oder Krisengebiete, d.h. gewaltsame Konflikte waren in der Regel der Auslöser zum Verlassen der Heimat. Kinderspezifische Fluchtgründe, z.B. die Rekrutierung als Soldaten, spielen ebenfalls eine wesentliche Rolle.

Das anschließende Kapitel 3 ging speziell auf die Adressatengruppe der Minderjährigen ein. Ihre Zahl an Asylanträgen ist, trotz insgesamt niedrigerer Asylbewerberzahlen, konstant bei einem Drittel geblieben. Unterschiede zwischen allein eingereisten und begleiteten Flüchtlingskindern wurden deutlich, die sich auch in den verschiedenen Ansatzmöglichkeiten für Soziale Arbeit widerspiegeln. Problematisch erscheint vor diesem Hintergrund die Lebenssituation der über 16-Jährigen UMF, weil das deutsche Asylrecht ihnen wie Erwachsenen eine vollkommene Handlungsfähigkeit zuspricht. Ohne adäquat auf diese Aufgabe vorbereitet zu sein, sind die Jugendlichen größtenteils im Asylverfahren auf sich allein gestellt. Die Bestellung eines Vormundes oder sozialpädagogischen Betreuers gestaltet sich durch die rechtlichen Bedingungen schwierig. Letztere ziehen sich wie ein roter Faden durch den Alltag der Kinderflüchtlinge und beeinflussen so die soziale Lebenssituation in Unterkunft, Versorgungslage und Schule bzw. Ausbildung. Entsprechend begrenzt auch die rechtliche Präsenz die sozialpädagogischen Möglichkeiten zur Stabilisierung des meist unsicheren Aufenthaltes. Hierzu zählt ebenfalls die Aufgabe, eine drohende Abschiebung zu verhindern bzw. die damit einhergehende Inhaftierung zum Wohl des Kindes oder Jugendlichen zu vermeiden. Gute Kenntnisse des Aufenthalt- und Asylverfahrensrechtes sind daher ein unerlässliches „Handwerkszeug" für die Soziale Arbeit mit Kinderflüchtlingen.

Da die meisten geflüchteten Kinder und Jugendlichen aus Kriegsgebieten nach Deutschland fliehen, wird das Kosovo zur Veranschaulichung herangezogen. Es dient als Beispiel für die Eskalation von Konflikten zwischen ethnischen Minderheiten, wie sie seit den 90er Jahren häufig in Kriegsregionen zu finden sind. Dramatisch daran ist, dass die Minderjährigen als heranwachsende Gesellschaftsmitglieder die seelischen und körperlichen Auswirkungen am stärksten spüren. Dies geschieht unabhängig vom Grad der Beteiligung (Zeuge, Opfer, Täter) an den gewaltsamen Auseinandersetzungen. Sogar nach deren Ende bleiben langfristige Schäden und Spuren der Konflikte zurück, die eine Lebensbewältigung für die Heranwachsenden im deutschen Exil zunehmend erschweren. Verlorene Familienmitglieder, verlorener Besitz und physische sowie psychische Verletzungen nehmen vielfach ebenso die Hoffnung auf eine eigene Zukunft.

Den in TEIL A geschilderten Ausgangsbedingungen sieht sich die Soziale Arbeit gegenübergestellt. Hinzu kommen die in Kapitel 5 beschriebenen seelischen Belastungen. Erst ihre Einbeziehung ermöglicht eine Gesamtschau, aus der sich Aufgaben, Handlungsoptionen und Hindernisse für die sozialpädagogische Praxis ergeben. In TEIL B der Diplomarbeit stand deshalb die psycho-soziale Arbeit mit den minderjährigen Flüchtlingen im Zentrum.

Kinder und Jugendliche aus Kriegsregionen wie dem Kosovo waren vor und während ihrer Flucht zahlreichen extremen Belastungssituationen ausgesetzt. Je nach verschiedenen Einflussfaktoren (Dauer, Schutzmechanismen, Nähe zum Geschehen etc.) konnte anhand des Verlaufsmodells der psychischen Traumatisierung gezeigt werden, welche Reaktionen damit verbunden sind. Eine mögliche Folge ist die Ausbildung einer Posttraumatischen Belastungsstörung, deren Symptome sich bei vielen Kindern und Jugendlichen aus Kriegsgebieten wiederfinden. Trotzdem werden die Anzeichen von den zuständigen Sozialpädagogen häufig nicht als solche erkannt, zumal die Fachkräfte selten über traumabezogenes Wissen verfügen. Die Gefahr, dass sich die PTBS verfestigt und weitere psychische Störungen begünstigt, ist deshalb sehr hoch. Negativ wirken hier ebenfalls die sozialen Lebensumstände der Minderjährigen, welche zum größten Teil durch asyl- und aufenthaltsrechtliche Vorgaben fremdbestimmt und eingeschränkt sind.

Soziale Arbeit mit den traumatisierten Kinderflüchtlingen muss direkt nach der Einreise ansetzen und zwar unabhängig vom Begleiterstatus
der Minderjährigen. Genau wie allein Eingereiste brauchen auch die mit ihren Angehörigen Geflüchteten eine sozialpädagogische Unterstützung. Da sich eine PTBS vor allem in der Zeit nach der eigentlichen Lebensbedrohung ausbildet, sind frühzeitige Interventionen notwendig. Diese beschränken sich nicht nur auf die Reduzierung der psychischen Belastung, sondern umfassen gleichzeitig eine Stärkung der eigenen Fähigkeiten und Kompetenzen im Sinne des Empowerment. Zusammen mit einer traumazentrierten Pädagogik ist es möglich, die jungen Flüchtlinge bei der Bewältigung ihres Traumas zu unterstützen und aktiv an der Gestaltung ihrer Lebensumstände zu beteiligen. Soziale Arbeit fördert hierzu in Einzel- und Gruppensettings die konstruktive Auseinandersetzung mit den persönlichen Wünschen, Problemen und Aufgaben ihrer Adressaten. Das umfasst weiterhin, kinder- und jugendspezifische Angebote in Schule, Freizeit und Unterkünften zu machen. Sie alle dienen als Selbsterfahrungsräume, worin sich die Kriegsflüchtlinge ausprobieren können und langsam wieder lernen, vertrauensvolle Beziehungen zu anderen Menschen zu knüpfen.

In der praktischen Arbeit mit den traumatisierten Adressaten gibt es allerdings auch Hindernisse und Konfliktpotentiale. Nicht alle Kriegsflüchtlinge sind bereit, über ihre Erfahrungen zu sprechen und benötigen u.U. einen langen Zeitraum, um einen sicheren äußeren Ort anzunehmen. Von Seiten der Sozialpädagogen erfordert es viel Geduld und die stete Aufrechterhaltung des Beziehungsangebotes trotz Zurückweisung. Auf die Dauer kann dies sehr belastend sein, weil es scheinbar keinen Fortschritt gibt. Angesichts des parallel existierenden rechtlichen Zeitdrucks (unsicherer Aufenthaltsstatus) muss mit Unterbrechungen oder Beendigung des pädagogischen Verhältnisses gerechnet werden. Die Frage nach der potentiellen Rückkehr stellt sich etwa bei den kosovarischen Kinderflüchtlingen. Trotz jahrelangen Aufenthaltes in Deutschland bedingt die erlangte Unabhängigkeit des Kosovo eine neue Thematisierung der Rückkehr. Weitere Schwierigkeiten ergeben sich durch fehlendes trauma-bezogenes Fachwissen sowie unzureichende Fähigkeiten zur Selbstfürsorge und -reflexion auf Seiten der Professionellen. Überlastungen und Fehleinschätzungen als negative Folgen beeinträchtigen dann die sozialpädagogische Unterstützung der Flüchtlinge erheblich. Das tun ebenfalls die strengen rechtlichen Asylregelungen, wie es bereits angesprochen wurde. Hinzu kommt als weitere gesellschaftliche Barriere die Haltung der übrigen Bevölkerung gegenüber jungen Flüchtlingen aus Kriegsgebieten. Ihre Integration in die deutsche Gesellschaft ist ein zweiseitiger Prozess: Neben dem Willen, in Deutschland eine neue Heimat zu finden, muss von Seiten der Deutschen die Bereitschaft da sein, die Ankommenden aufzunehmen und sich mit ihnen auseinanderzusetzen. Gerade letzteres wird häufig nicht mitbedacht und die Kriegsflücht-linge stattdessen mit Vorurteilen bis hin zur Fremdenfeindlichkeit abgelehnt.

Als Fazit aus den ganzheitlich betrachteten Lebensumständen und der Umsetzung der sozialpädagogischen Konzepte ergeben sich folgende **Aufgaben** für die Soziale Arbeit mit traumatisierten minderjährigen Kriegsflüchtlingen:

auf rechtlicher Ebene:
- Begleitung und Beratung im Asylverfahren
- Stabilisierung der Aufenthaltssituation
- Klärung der Vormundschaft für die UMF
- Bei UMF ab 16 Jahren: Umverteilung verhindern; Betreuung in GU ermöglichen
- Durchsetzung von Leistungsansprüchen ggü. Behörden/ Trägern von Maßnahmen (z.B. Dolmetscher-/Therapiekosten)

auf sozialer Ebene:
- (Wieder-)Herstellung der eigenen Kompetenzen
- Förderung der sozialen Integration durch Netzwerk- und Kontaktstiftung
- Durchsetzung/Förderung des Schulbesuchs
- Vermittlung zwischen Schule, Behörden, (Eltern), Ausbildern und Minderjährigen
- Unterstützung bei der Suche nach einem Ausbildungsplatz
- Verbesserung des Wohnklimas in den Unterkünften
- Konflikttraining
- Freizeitangebote
- Einzel- und Gruppengespräche

auf psychischer Ebene:
- Schaffung eines sicheren Ortes
- Hilfe bei der Traumabewältigung (Symptome erkennen und reduzieren)
- Identitätsarbeit; Selbstwirksamkeitserfahrungen schaffen
- Entlastung und Entspannung ermöglichen
- bei begleiteten Minderjährigen: Verhinderung von Parentifizierung; Elternkompetenz stärken

- Vermittlung und Zusammenarbeit mit Fachkräften (Psychologen, Therapeuten,..)
- Retraumatisierung verhindern

Bezüglich der **Grenzen** von Sozialer Arbeit mit der jungen Adressatengruppe lassen sich auf professioneller, institutioneller sowie gesellschaftlicher Ebene die nachfolgenden Probleme finden:

Professionelle Ebene:
- Fehlendes Fachwissen (insbes. hinsichtlich einer Traumatisierung)
- Mangelnde Selbstfürsorge und Selbstachtsamkeit
- Fehlende interkulturelle Kompetenz und Sensibilität im Umgang mit anderen Kulturen
- Unzureichende Netzwerkarbeit/schlechter Austausch mit Kollegen

Institutionelle Ebene:
- Fehlende Supervisions- und Fortbildungsmöglichkeiten
- Unzureiche Kommunikation im Team
- Schlechte Vernetzung mit anderen sozialen Einrichtungen oder Arbeitskreisen
- Fehlende Unterstützung von Seiten der Leitung
- Unklare Zuständigkeiten innerhalb des Teams

Gesellschaftliche Ebene:
- Vorrang ausländerrechtlicher Regelungen vor der UN-Kinderrechtskonvention
- Asyl- und Aufenthaltsrecht nicht kindgerecht (z.B. Handlungsfähigkeit UMF)
- Soziale Ausgrenzung/ Isolation von jungen Flüchtlingen (verweigerter Schulbesuch, Abgeschiedenheit der GU, mangelnde Teilhabechancen usw.)
- Häufig fehlende Anerkennung von Traumatisierungen, unzureichend geschultes Personal in entscheidungsbefugten Positionen (z.B. Inaugenscheinnahme)
- Fehlende Integrationsbereitschaft von Seiten vieler deutscher Bürger

Um diesen Hindernissen entgegenzuwirken und die sozialpädagogische Arbeit mit den jungen Flüchtlingen so gut wie möglich zu gestalten, sind aus meiner Sicht zwei Dinge notwendig: Zum einen ist dies ein Engagement auf politischer Ebene, zum anderen auf internationaler Ebene. Soziale Arbeit hat auch ein politisches Mandat, das sie einsetzen kann und in diesem Fall muss. Aufgaben wie Öffentlichkeits- und Lobbyarbeit sind wichtig, um nicht nur die Lebenssituation für einzelne Flüchtlingskinder zu verbessern, sondern sich insgesamt für bessere Rahmenbedingungen dieser Zielgruppe einzusetzen. Möglich ist dies z.b. durch den Zusammenschluss von Interessengruppen wie dem „Bundesfachverband für unbegleitete Minderjährige Flüchtlinge" oder in Flüchtlingsräten. Das fördert gleichzeitig den fachlichen Austausch und die Reflexion der eigenen sozialpädagogischen Arbeit, weil neue Anregungen entstehen. Außerdem bewirken gezielte Kampagnen ein stärkeres Bewusstsein und im Idealfall Interesse in der übrigen Bevölkerung.

Die Berücksichtigung der internationalen Perspektive ist nötig, um gegen den Krieg als Ursache der Fluchtbewegungen anzugehen. Soziale Arbeit mit Kinderflüchtlingen aus den Kriegsgebieten beschäftigt sich mit den negativen Auswirkungen der Kriege, insbesondere der Traumatisierung. Gewaltsame Konflikte und Kriege vorab zu verhindern oder in ihren Folgen auf Minderjährige zu reduzieren, wären wichtige Schritte. Friedens- und Konfliktarbeit vor Ort in den Krisenregionen, sowie eine gute Zusammenarbeit mit NGOs über die staatlichen Grenzen hinweg dienen dabei als Ansatzmöglichkeiten. Aktuelle Ausschreitungen wie zwischen Israelis und Palästinensern zeigen, dass militärische „Lösungen" keinen langfristigen Frieden sichern können. Insbesondere dann nicht, wenn es sich um ethnisch motivierte Kämpfe handelt. Das Beispiel des Kosovo 1999 hat dies einleuchtend gezeigt. Hieraus sollte gelernt werden.

8 Literaturverzeichnis

ADAM, H./ AßHAUER, M. (2007). Flüchtlingskinder – Individuelles Trauma, Versöhnungsprozess und soziale Rekonstruktion. In: Fooken, I./ Zinnecker, J. (Hrsg.). Trauma und Resilienz. Chancen und Risiken lebensgeschichtlicher Bewältigung von belasteten Kindheiten. Juventa. Weinheim und München. S. 155-168.

ANDERSON, P. (2000). Status Flüchtlingskind – Auswirkungen auf die Lebensverhältnisse von Kindern. In. Deutsches Jugendinstitut e.V. DJI. Projekt „Multikulturelles Kinderleben in unterschiedlichen regionalen Bezügen". Flüchtlingskinder eine Randgruppe im multikulturellen Milieu. München. S. 2-79.

ANGENENDT, S. (2000). Kinder auf der Flucht. Minderjährige Flüchtlinge in Deutschland. Im Auftrag des Deutschen Komitees für UNICEF. Leske + Budrich. Opladen.

ASYL IN ZAHLEN 2007. Bundesamt für Migration und Flüchtlinge (Hrsg.). Nürnberg.

AsylbLG Asylbewerberleistungsgesetz in der Fassung der Bekanntmachung vom 5. August 1997 (BGBl. I S. 2022), zul. geändert durch Art. 2 Abs. 2 Gesetz zur Umsetzung aufenthalts- und asylrechtlicher Richtlinien der Europäischen Union vom 19.8.2007 (BGBl. I S. 1970).

AsylVfG Asylverfahrensgesetz in der Fassung der Bekanntmachung vom 27. Juli 1993 (BGBl. I S. 1361), zul. geändert durch Art. 3 Gesetz zur Umsetzung aufenthalts- und asylrechtlicher Richtlinien der Europäischen Union vom 19.8.2007 (BGBl. I S. 1970).

AufenthG Gesetz über den Aufenthalt, die Erwerbstätigkeit und die Integration von Ausländern im Bundesgebiet (Aufenthaltsgesetz) in der Fassung vom 30. Juli 2004 (BGBl. I S. 1950), zul. geändert durch Art. 1 Gesetz zur Umsetzung aufenthalts- und asylrechtlicher Richtlinien der Europäischen Union vom 19.8.2007 (BGBl. I S. 1970).

BAIERL, M. (2008). Herausforderung Alltag. Praxishandbuch für die pädagogische Arbeit mit psychisch gestörten Jugendlichen. Vandenhoeck & Ruprecht. Göttingen.

BAYERISCHER FLÜCHTLINGSRAT. Deutschland Lagerland. Essenspakete. Gegessen wird, was vom Amt kommt. http://www.fluechtlingsrat-bayern.de/essenspakete.102.html (Zugriff am 02.10.2008).

BeschVerfV Verordnung über das Verfahren und die Zulassung von im Inland lebenden Ausländern zur Ausübung einer Beschäftigung (Beschäftigungsverfahrensverordnung) in der Fassung vom 22. November 2004 (BGBl. I S. 2934), zuletzt geändert durch Artikel 1 der Verordnung vom 10.11.2008 (BGBl. I S. 2210).

BETTELHEIM, B. (1980). Erziehung zum Überleben. Zur Psychologie in Extremsituationen. Deutsche Verlags-Anstalt. Stuttgart.

BLAHUSCH, F. (1992). Zuwanderer und Fremde in Deutschland. Eine Einführung für soziale Berufe. Lambertus. Freiburg i. Br.

BRINKMANN, W. (2000). Vormundschaft. In: WOGE e.V. Handbuch der Sozialen Arbeit mit Kinderflüchtlingen. 2. erg. Aufl. Votum Verlag. Münster. S. 457-462.

CALIC, M.-J. (2008). Kosovo: der jüngste Staat in Europa. In: Bundeszentrale für politische Bildung (Hrsg.).Aus Politik und Zeitgeschichte (APuZ). EU-Balkan. Ausg. 32/2008. S. 33-40.

CLASSEN, G. (2008). Sozialleistungen für MigrantInnen und Flüchtlinge. Handbuch für die Praxis. 2. Aufl. von Loeper Literaturverlag. Karlsruhe.

CYRUS, N./ TREICHLER, A. (2004). Von der Ausländersozialarbeit zu einwanderungsgesellschaftlichen Institution. In: Treichler, A. (Hrsg.). Soziale Arbeit in der Einwanderungsgesellschaft. Brandes & Apsel. Frankfurt a.M. S. 11-32.

EGGER, Ch./ FEGERT, J./ RESCH, F. (Hrsg.). (2004). Psychiatrie und Psychotherapie des Kindes- und Jugendalters. Springer Verlag. Berlin, Heidelberg.

EISERMANN, G. (2003). Kinderspezifische Fluchtursachen. In: Kinderflüchtlinge. Flüchtlingsrat: Zeitschrift für Flüchtlingspolitik in Niedersachsen. Heft 98. Ausgabe 8/2003. S. 42-46.

EVERLY, G. S. Jr./ LATING, J. M. (ed). (1995). Psychotraumatology. Key Papers and Care Concepts in Post-Traumatic Stress. Plenum Press. New York.

FEGERT, J. M./ STREECK-FISCHER, A./ FREYBERGER, H. J. (Hrsg.). (2009). Adoleszenzpsychiatrie: Psychiatrie und Psychotherapie der Adoleszenz und des jungen Erwachsenenalters. Schattauer Verlag. Stuttgart.

FILTZINGER,O./ HÄRING, D. (1993). Von der Ausländersozialberatung zu sozialen Diensten für Migranten. Lambertus. Freiburg i.Br.

FISCHER WELTALMANACH (2008). Zahlen. Daten. Fakten. Kosovo. Fischer Taschenbuch Verlag. Frankfurt a.M. S. 430-433.

FISCHER, G./ RIEDESSER, P.† (2003). Lehrbuch der Psychotraumatologie. 3. aktualis. u. erw. Aufl. Ernst Reinhardt Verlag. München.

FISCHER, G./ RIEDESSER, P.†/ GURRIS, N./PROSS, C. (2003). Psychotraumatologie – Konzepte und spezielle Themenbereiche. In: Uexküll, T. (Hrsg.) Psychosomatische Medizin. 6. erw. u. neubearb. Aufl. Urban & Fischer. München. S. 631-641.

FOOKEN, I./ ZINNECKER, J. (Hrsg.). (2007). Trauma und Resilienz. Chancen und Risiken lebensgeschichtlicher Bewältigung von belasteten Kindheiten. Juventa. Weinheim und München. S. 155 – 168.

FREY, C. (2001). Die unheimliche Macht des Traumas. Interaktionelle Aspekte in der Betreuung von Folter- und Kriegsopfern. In: Verwey, M. (Hrsg.). Trauma und Ressourcen. Trauma und Empowerment. Curare, Zeitschrift für Ethnomedizin. Sonderband 16. Verlag für Wissenschaft und Bildung VWB. Berlin. S. 109- 124.

FRITZ, F. Probleme der Flüchtlingssozialarbeit in Deutschland. In: Seifert, R. (Hrsg.). (2004a). Soziale Arbeit und kriegerische Konflikte. LIT Verlag. Münster, Westfalen. S. 190-206.

GAEBEL, W./ ZIELASEK, J. (2008). Ätiopathogenetische Konzepte und Krankheitsmodelle in der Psychiatrie. In: Möller, H.-J./ Laux, G./ Kapfhammer, H.-P. (Hrsg.). Psychiatrie und Psychotherapie. Band 1. 3. vollst. überarb. Aufl. Springer Verlag. Heidelberg. S. 29-55.

GGUA (Gemeinnützige Gesellschaft zur Unterstützung von Asylsuchenden) (Hrsg.). (2007). Leitfaden für Flüchtlinge in Niedersachen. http://www.nds-fluerat.org/pdf/Leitfa- den.pdf (Zugriff: 13.12.2008).

GLOBAL REPORT ON CHILD SOLDIERS. (2001). Coalition to stop the use of child soldiers (ed.) http://www.child-soldiers.org/ library/ global-reports?root_id=159&directory_id=215 (Zugriff: 26.07.2008).

GLOBAL TRENDS: Refugees, Asylum-seekers, Returnees, Internally Displaced and Stateless Persons. UNHCR (ed.). (2008). Geneva.

GOERENS, K. (2003). Die Wohnsituation von Flüchtlingen. In: Projekttutorien „Lebenswirklichkeiten von Flüchtlingen in Berlin"/ "Behörden und Migration" (Hrsg.). Verwaltet, entrechtet, abgestempelt – wo bleiben die Menschen? Einblicke in das Leben von Flüchtlingen in Berlin. Berlin. S. 27-34.

GUNßER, C. Umverteilung. In: WOGE e.V. (Hrsg.). (2000). Handbuch der Sozialen Arbeit mit Kinderflüchtlingen. 2. erg. Aufl. Votum Verlag. Münster. S. 295-301.

HAMBURGER, F. (2000). Ausländerarbeit. In: Stimmer, F. (Hrsg.). Lexikon der Sozialpädagogik und der Sozialarbeit. 4. Auflage. Oldenbourg. München. S. 57-62.

HAMBURGER, F. (2005). Migration. In: Otto, H.-U.; Thiersch, H. (Hrsg.). Handbuch Sozialarbeit Sozialpädagogik. 3. Auflage. Reinhardt Verlag. München. S. 1211-1222.

HAN, P. (2000). Soziologie der Migration: Erklärungsmodelle, Fakten, Politische Konsequenzen, Perspektiven. Lucius & Lucius. Stuttgart.

HEEMANN, A./ SCHULTE-MARKWORT, M./ RUHL, U./ KNÖLKER, U. (1998). Posttraumatische Belastungsstörung bei Kindern und Jugendlichen. In: Zeitschrift für Kindheit und Entwicklung. 7 (3). Hogrefe Verlag. Göttingen. S. 129-142.

HEINHOLD, H. Abschiebung. In: WOGE e.V. Handbuch der Sozialen Arbeit mit Kinderflüchtlingen. 2. Aufl. 2000. Votum Verlag. Münster. S. 305-312.

HERPERTZ-DAHLMANN, B. (2008). Posttraumatische Belastungsstörung. In: (dies.), Resch, F., Schulte-Markwort, M., Warnke, A. (Hrsg.). Entwicklungspsychiatrie. Biopsychologische Grundlagen und die Entwicklung psychischer Störungen. 2. überarb. u. erw. Auflage. Schattauer. Stuttgart, New York. S. 969-983.

HERPERTZ-DAHLMANN, B./ RESCH, F./ SCHULTE-MARKWORT, M./ WARNKE, A. (Hrsg.). (2008) Entwicklungspsychiatrie. Biopsychologische Grundlagen und die Entwicklung psychischer Störungen. 2. überarb. u. erw. Auflage. Schattauer. Stuttgart, New York.

HERRIGER, N. (2006). Empowerment in der Sozialen Arbeit. 3. erw. u. akt. Auflage. Kohlhammer. Stuttgart.

HUBER, M. (2007). Trauma und die Folgen. Trauma und Traumabehandlung Teil 1. 3.Aufl. Junfermann. Paderborn.

HUSA, K./ PARNREITER, Ch./ STACHER, I. (Hrsg.). (2000). Internationale Migration. Die globale Herausforderung des 21. Jahrhunderts? Brandes & Apsel. Frankfurt a.M.

ICD-10 (Internationale Klassifikation psychischer Störungen) Kapitel V (F). Klinisch-diagnostische Leitlinien. Dilling, H./ Mombour, W./ Schmidt, M.H. (Hrsg.). (2008). 6. vollst. überarb. Aufl. Huber Verlag. Bern. S. 165-212.

JOCKENHÖVEL-SCHIECKE, H. (1998). Schutz für unbegleitete Flüchtlingskinder: Rechtsgrundlagen und gegenwärtige Praxis. In: Zeitschrift für Ausländerrecht und Ausländerpolitik. Nomos Verlag. Baden-Baden. S. 165-175.

JOCKENHÖVEL-SCHIECKE, H. (2000). Perspektiven. In: WOGE e.V. Handbuch der Sozialen Arbeit mit Kinderflüchtlingen. 2. erg. Aufl. Votum Verlag. Münster. S. 301-305.

JORDAN, S. (2000). Fluchtkinder. Allein in Deutschland. von Loeper Literaturverlag. Karlsruhe.

KEILSON, H. (2005). Sequentielle Traumatisierung bei Kindern. Untersuchung zum Schicksal jüdischer Kriegswaisen. unveränd. Neudruck von 1979. Psychosozial-Verlag. Stuttgart.

KLINGELHÖFER, S./ RIEKER, P. (2003). Junge Flüchtlinge in Deutschland. Expertise zu vorliegenden Informationen, zum Forschungsstand und zum Forschungsbedarf. Deutsches Jugendinstitut e.V. Regionale Arbeitsstelle Halle.

KLINKE, S. (2004). Jugendliche Kriegsflüchtlinge in Deutschland: Problemlagen kosovo-albanischer Mädchen und ihre sozialpädagogische Bearbeitung. In: Seifert, R. (Hrsg.). (2004b). S. 207-228.

KRK (UN-Kinderrechtskonvention). (20.Nov 1989). http://www.unicef.de/fileadmin/content_media/projekte/themen/ PDF/UN-Kinderrechtskonvention.pdf (Zugriff am 20.07.2008).

KRUSE, C. (2002). Sozialarbeit und Sozialtherapie mit traumatisierten Flüchtlingen. In: Birck, A./ Press, Ch./ Lasen, J. (Hrsg.). Das Unsagbare: Die Arbeit mit Traumatisierten im Behandlungszentrum für Folteropfer Berlin. Springer. Berlin.

KÜHN, M. (2006). Bausteine eines pädagogischen Ortes. Aspekte eines pädagogischen Umgangs mit (traumatisierten) Kindern in der Jugendhilfe aus der Praxis des SOS-Kinderdorfes Worpswede.

KÜHN, M./ VOGT, V. Definition „Traumapädagogik". (24. Juli 2007). http://www.traumapaedagogik.de/index.php?option=com_content& task=view&id=28&Itemid=26. (Zugriff: 18.11.2008).

MALIQI, S. (1999). Die politische Geschichte des Kosovo. In: Melčić, D.(Hrsg.) Der Jugoslawien-Krieg. Handbuch zu Vorgeschichte, Verlauf und Konsequenzen. Westdeutscher Verlag. Opladen/Wiesbaden. S. 120-134.

MESOVIC, B. Flughafenverfahren. In: WOGE e.V. Handbuch der Sozialen Arbeit mit Kinderflüchtlingen. 2. Aufl. 2000. Votum Verlag. Münster. S. 289-294.

MICHELS-VERMEULEN, U. (2005). Traumatisierte Flüchtlinge in Deutschland. Psychotherapeutische Behandlungsansätze am Beispiel von Bürgerkriegsflüchtlingen aus dem früheren Jugoslawien. In: Forum Psychotherapeutische Praxis. 5 (4). Hogrefe Verlag. Göttingen. S. 155-161.

MÖLLER, H.-J./LAUX, G./ KAPFHAMMER, H.-P. (Hrsg.). (2008). Psychiatrie und Psychotherapie. Band 1. 3. vollst. überarb. Aufl. Springer Verlag. Heidelberg.

MÖLLER-LEIMKÜHLER, A. M. (2008). Psychologische Grundlagen psychischer Erkrankungen. In: Möller, H.-J./ Laux, G./ Kapfhammer, H.-P. (Hrsg.). Psychiatrie und Psychotherapie. Band 1. 3. vollst. überarb. Aufl. Springer Verlag. Heidelberg. S. 277-304

NIETSCH, J. (2005). Kosovo/Kosova. Länderbericht. In: Düsseldorfer Institut für Außen- und Sicherheitspolitik. DIAS. (Hrsg). Düsseldorf.

NUSCHELER, F. (2004). Internationale Migration. Flucht und Asyl. 2. Auflage. Verlag für Sozialwissenschaften. Wiesbaden.

OTTO, H.-U./THIERSCH, H. (2005). Handbuch Sozialarbeit Sozialpädagogik. 3. Auflage. Reinhardt Verlag. München.

PERREN-KLINGLER, G. (2001). Trauma: Wissen, Können, Selbstaufbau. Hilfe zur Selbsthilfe bei Flüchtlingen. In:Verwey, M. (Hrsg.).Trauma und Ressourcen. Trauma und Empowerment. Curare, Zeitschrift für Ethnomedizin. Sonderband 16. Verlag für Wissenschaft und Bildung VWB. Berlin. S. 129-140.

PROJEKTTUTORIEN „Lebenswirklichkeiten von Flüchtlingen in Berlin"/"Behörden und Migration" (Hrsg.). (2003). Verwaltet, entrechtet, abgestempelt – wo bleiben die Menschen? Einblicke in das Leben von Flüchtlingen in Berlin. Berlin.

REFUGEES MAGAZINE (1999). Kosovo: One last chance. UNHCR (ed.).Vol .3 N° 116. ATAR. Geneva. http://www.unhcr.org/publ/PUBL/3c6914bc5.pdf (Zugriff: 12.12.2008).

RESCH, F./ BRUNNER, R. (2004). Posttraumatische Belastungsstörung, Anpassungsstörungen und Selbstbeschädigungserkrankungen. In: Egger, Ch., Fegert, J., Resch, F. (Hrsg.) Psychiatrie und Psychotherapie des Kindes- und Jugendalters. Springer Verlag. Berlin Heidelberg. S. 517-540.

RHEINISCHE GESELLSCHAFT FÜR INNERE MISSION UND HILFSWERK GmbH. (Hrsg.). (2005). Der Sichere Ort. http://www.rg-diakonie.de/uploads/Ein%20Sicherer%20Ort.pdf (Zugriff: 17.11.2008).

RIEDELSHEIMER, A./ WIESINGER, I. (Hrsg.). (2004). Der erste Augenblick entscheidet. Clearingverfahren für unbegleitete minderjährige Flüchtlinge in Deutschland. Von Loeper Verlag. Karlsruhe.

RIEDESSER, P.† /RESCH, F./ ADAM, H. (2008). Entwicklungspsycho-traumatologie. In: Herpertz-Dahlmann, B., Resch, F., Schulte-Markwort, M., Warnke, A. (Hrsg.). Entwicklungspsychiatrie. Bio-psychologische Grundlagen und die Entwicklung psychischer Stö-rungen. 2. überarb. u. erw. Auflage. Schattauer. Stuttgart, New York. S. 279-290.

RÜB, M. (1999). Kosovo. Ursachen und Folgen eines Krieges in Europa. dtv. München.

SCHEPKER, R. (1997). Posttraumatische Belastungsstörungen im Kindes-alter. Diagnose, Verlauf und therapeutische Strategien. In: Zeit-schrift für Kinder- und Jugendpsychiatrie und Psychotherapie. Vol 25. S. 46-56.

SCHEPKER, R./ TOKER, M. (2009). Transkulturelle Kinder- und Jugend-psychiatrie. Grundlagen und Praxis. Medizinisch Wissenschaftliche Verlagsgesellschaft. Berlin.

SCHLÜTER-MÜLLER (2009). Adoleszenz, Krieg und Verfolgung. Jugend-liche als Opfer von Krieg und Verfolgung. Kasuistik im Kontext der Begutachtung bei drohender Abschiebung. *im Druck.* In: Fegert, J. M./ Streeck-Fischer, A./ Freyberger, H. J. (Hrsg.). Adoleszenz-psychiatrie: Psychiatrie und Psychotherapie der Adoleszenz und des jungen Erwachsenenalters. Schattauer Verlag. Stuttgart.

SCHLÜTER-MÜLLER, S. (2005). Stellungnahme zum Beschluss des Oberverwaltungsgerichts (OVG NRW) vom 16. und 30.12.2004. http://www.emhosting.de/kunden/fluechtlingsrat-nrw.de/system/ upload/download _970.pdf (Zugriff: 10.10.2008).

SCHMIDT-GRUNERT, M. (1997). Soziale Arbeit mit Gruppen. Eine Ein-führung. Lambertus. Freiburg i.Br.

SEIFERT, R. (Hrsg.). (2004a). Soziale Arbeit und kriegerische Konflikte. LIT Verlag. Münster, Westfalen.

SEIFERT, R. (2004b). Kriegerische Konflikte und Soziale Arbeit: Eine Skiz-zierung der Problemlage. In: dies. Soziale Arbeit und kriegerische Konflikte. Münster, Westfalen. S. 20-49.

SFH 2008 Schweizer Flüchtlingshilfe. (12.8.2008): Politische Lage und Rückkehrbedingungen im Kosovo. In: Asylmagazin. Onlineausgabe 9/2008. http://www.asyl.net/Magazin/Themen_9_2008.htm (Zugriff: 13.10.2008).

SGB VIII Sozialgesetzbuch Achtes Buch – Kinder- und Jugendhilfe in der Fassung der Bekanntmachung vom 14. Dezember 2006 (BGBl. I S. 3134), zul. geändert durch Art. 3 Abs. 3 des Gesetzes vom 31. Oktober 2008 (BGBl. I S. 2149).

SIEBTER AUSLÄNDERBERICHT. (2007). Bundesamt für Migration und Flüchtlinge (Hrsg.). 7. Bericht der Beauftragten für Migration, Flüchtlinge und Integration über die Lage der Ausländerinnen und Ausländer in Deutschland. Nürnberg.

SMITH, P./ PERRIN, S./ YULE, W./ BERIMA, H./ STUVLAND, R. (2002). War exposure among children from Bosnia-Hercegovina: Psychological adjustment in a Community Sample. In: Journal of Traumatic Stress, Vol. 15. No. 2. pp. 147-156.

STEIL, R. /STRAUBE, E.R. (2002). Posttraumatische Belastungsstörung bei Kindern und Jugendlichen. In: Zeitschrift für Klinische Psychologie und Psychotherapie. Vol. 31 (1). Hogrefe Verlag. Göttingen. S. 1-13.

STIMMER, F. (Hrsg.).(2000) Lexikon der Sozialpädagogik und der Sozialarbeit. 4. Auflage. Oldenbourg. München.

STIMMER, F. (2006). Grundlagen des Methodischen Handelns in der Sozialen Arbeit. 2. überarb. u. erw. Aufl. Kohlhammer. Stuttgart.

SUNJIC, M. H. Das Weltflüchtlingsproblem: gestern – heute – morgen. In: Husa, K.; Parnreiter, Ch.; Stacher, I. (Hrsg.). (2000). Internationale Migration. Die globale Herausforderung des 21. Jahrhunderts?. Brandes & Apsel. Frankfurt a.M. S. 145-156.

TERR, L. C. (1995). Childhood Traumas. An Outline and Overview. In: Everly, G. S. Jr./ Lating, J. M. (ed). Psychotraumatology. Key Papers and Care Concepts in Post-Traumatic Stress. Plenum Press. New York. pp. 301-320.

TERRE DES HOMMES. (2008). Flüchtlingskinder in Deutschland. Kinder zweiter Klasse. http://www.tdh.de/content/themen/schwerpunkte/fluechtlingskinder/deutschland.htm (Zugriff: 20.07.2008).

TREIBEL, A. (2003). Migration in modernen Gesellschaften. Soziale Folgen von Einwanderung, Gastarbeit und Flucht. 3. Aufl. Juventa Verlag. Weinheim und München.

TREICHLER, A. (Hrsg.). (2004). Soziale Arbeit in der Einwanderungsgesellschaft. Brandes & Apsel. Frankfurt a.M.

UEXKÜLL, T. (Hrsg.). (2003) Psychosomatische Medizin. 6. erw. u. neubearb. Aufl. Urban & Fischer. München.

UNHCR (United Nations High Commissioner for Refugees). (2006a): Die Genfer Flüchtlingskonvention: Fragen und Antworten. http://www.unhcr.de/grundlagen/genfer-fluechlingskonvention. html (Zugriff: 20.07.2008).

UNHCR (2006b). Flüchtlingsschutz: Fragen und Antworten. http://www.unhcr.de/grundlagen/fluechtlingsschutz.html (Zugriff am 20.07.2008).

UNHCR (Hrsg.). Abkommen über die Rechtsstellung der Flüchtlinge vom 28.Juli 1951. Genfer Flüchtlingskonvention. http://unhcr.de/fileadmin/unhcr_data/pdfs/rechtsinformationen/ 1_International/1_Voelkerrechtliche_Dokumente/01_GFK/01_GFK _Prot_dt.pdf (Zugriff: 20.07.2008).

UNO-FLÜCHTLINGSHILFE. Kinder auf der Flucht. http://www.uno-fluechtlingshilfe.de/?page=64 (Zugriff am 06.10.2008).

UTTENHÖFER, J. (2008). Traumazentrierte Pädagogik. Von der Entwicklung der Kultur eines „Sicheren Ortes". In: Unsere Jugend. Die Zeitschrift für Studium und Praxis der Sozialpädagogik. 60.Jg. Heft 2. Reinhardt. S. 50-65.

VERWEY, M. (Hrsg.).(2001). Trauma und Ressourcen. Trauma und Empowerment. Curare, Zeitschrift für Ethnomedizin. Sonderband 16. Verlag für Wissenschaft und Bildung VWB. Berlin.

VETTER, M. (1999). Vom Kosovo zum Kosovo: Chronik von Krise und Krieg 1986-1999. In: Melčić, D.(Hrsg.) Der Jugoslawien-Krieg. Handbuch zu Vorgeschichte, Verlauf und Konsequenzen. Westdeutscher Verlag. Opladen/Wiesbaden. S. 542-568.

WEISS, K./ ENDERLEIN, O. Statistik. In: WOGE e.V. Handbuch der Sozialen Arbeit mit Kinderflüchtlingen. 2. Aufl. 2000. Votum Verlag. Münster. S. 205-211.

WEIß, W. (2008). Philipp sucht sein Ich. Zum pädagogischen Umgang mit Trauma in den Erziehungshilfen. 4. überarb. Aufl. Juventa. Weinheim und München.

WELLE e.V. Zentrum für Traumapädagogik. (2008). Traumatisierte brauchen... http://www.welle-maintal.de/trauma/index/php?option=com_content&view=article &id=47&Itemid=101 (Zugriff: 17.11.2008).

WOGE e.V. (Hrsg.).(2000). Handbuch der Sozialen Arbeit mit Kinderflüchtlingen. 2. Aufl. Votum Verlag. Münster.